모든 순간이 꽃봉오리인 것을

모든 순간이 꽃봉오리인 것을

초판 1쇄 찍음 2020년 3월 30일
초판 1쇄 펴냄 2020년 4월 10일

지은이.   진광
발행인.   정지현
편집인.   박주혜

사장.   최승천
편집.   서영주, 신아름
디자인.   이선희
일러스트. 박연
마케팅.   조동규, 김영관, 김관영, 조용, 김지현
구입문의. 불교전문서점(www.jbbook.co.kr) 02-2031-2070~1

펴낸곳.   (주)조계종출판사
           서울 종로구 삼봉로 81 두산위브파빌리온 232호
           전화 02-720-6107~9 | 팩스 02-733-6708
           출판등록 제2007-000078호(2007. 04. 27.)

ⓒ 진광, 2020

ISBN 979-11-5580-136-9   03220

모든 순간이
꽃봉오리인 것을

글 진광

조계종
출판사

부처님의 영산회상(靈山會上) 당시에 갑자기 하늘에서 꽃비가 내렸다. 이에 한 송이 연꽃을 들어 보이시니 대중들이 어리둥절한 채 말이 없었다. 이때 상수제자인 가섭존자가 그 뜻을 알고는 빙그레 미소 지었다. 이것이 유명한 '꽃을 드니 미소 짓다'는 '염화미소(拈花微笑)'의 유래이다.

일제 강점 35년이 끝나고 대한민국이 광복을 맞이했다는 소식에 만공 큰스님께서는 무궁화 꽃잎에 먹을 묻혀 '세계일화(世界一花)'라고 휘호하시었다. '세계는 한 송이 꽃'이라는 의미이다. 아니, 한 송이 꽃 속에 온 세계가 자리한다.

이 둘이 같은가, 혹은 다른가? 경허 스님의 시구처럼 "세상과 다못 청산이 어느 것이 옳은가? 봄 광명 이르는 곳마다 꽃피지 아니한 곳이 없음이로다(世與青山何者是 春光無處不開花)"라고 해야 할 것이다.

어느 시인이 읊었듯이 '춘래불사춘(春來不似春)'이
라고 봄이 왔건만 봄 같지 않은 요즘이다. 중국 우
한(武漢)에서 시작된 COVID19의 영향으로 한 차례
홍역을 치른지라 더욱 그러하다. 그러나 세월의 흐
름은 어길 수 없는지라 봄은 기어이 찾아오고야 만
다. 그리하여 빈산에 사람 없어도 꽃은 피어나고 물
은 흘러가듯이(空山無人 水流花開), 이 봄날이 모두에게
소중하고 아름다운 순간이 되었으면 하는 마음이다.

올해도 어김없이 불기 2564년 부처님오신날이 다
가온다. 밤의 어둠을 이겨낸 자만이 신새벽을 맞이
할 수 있다. 뼈에 사무치는 추위를 이겨내야만 비로
소 매화가 코를 찌르는 짙은 향기를 토해내듯이 말
이다. 우리 모두 서로에게 그동안 수고했다, 고맙다,
미안하다, 감사하다, 사랑한다고 말해주면서 껴안은
채 등이라도 토닥여주었으면 한다.

사실 지난해에 봉축 소책자 집필을 의뢰 받았을 적에는 당황하며 고사했다. 내 글은 누구보다 내 자신이 잘 아는지라 좀 더 나은 이가 썼으면 하는 바람에서였다. 그러나 올해 재차 청탁을 하는지리 못 이기는 척 받아들였다. 나만의 부처님오신날 봉축의 의미와 이야기를 많은 이들에게 들려주고 싶었기 때문이다.

나의 화두(話頭)는 길과 희망 그리고 깨달음과 회향이라는 네 가지로 집약된다. 이 작은 책자는 그것들의 소망(所望)이자 발현(發現)이라고 생각한다. 인류의 위대한 스승인 부처님의 오심을 통해 각자의 삶과 수행에서 매 순간 기적과도 같은 깨달음으로 더불어 함께했으면 하는 바람이다.

봄바람이 뺨을 스치우는 날에, 프랑스 시인 폴 발레리의 시집 《해변의 묘지》의 마지막 구절 "바람이 일어난다, 살아야겠다!"라는 구절을 읊조려본다. 그렇다. 기어코 살아남아서 이 봄이 "참 아름다웠노라!"고 증언하여야만 한다. 다만 기억하여 기록하고 기림으로써, 이 아름다운 찰나의 순간을 영원의 침묵 가운데에 담으리라.

봐라, 꽃이다! 들어라, 그 꽃의 향기를! 느껴라, 매 순간이 다 꽃봉오리인 것을!

일본의 하이쿠 시인 고바야시 잇사(小林一茶)의 시구로 서문을 갈음한다.

"꽃그늘 아래선 / 생판 남인 사람 / 아무도 없네!"

불기 2564년 부처님오신날에 즈음하여 삼각산 아래 쾌활당(快活堂)에서 진광 손 모음

차례

우리도 부처님같이

부처님오신날이 다가오면 조계사와 종로 일대, 그리고 전국의 사찰과 거리마다 부처님 오심을 봉축하는 오색 연등의 물결로 넘쳐난다. 한 사람의 성인이 태어난 것은 실로 온 인류의 크나큰 축복이자 행복한 선물이 아닐 수 없다.

부처님께서는 2,600여 년 전 인도 카빌라국의 왕자로 탄생하셨다. 마야 왕비께서 출산을 위해 친정으로 가던 중에 산통을 느껴 무우수(無憂樹) 나무 가지를 잡는 순간에 오른쪽 옆구리를 통해 세상에 나오셨다(이것은 힌두 전통에서 크샤트리아 계급임을 상징한다).

모든 순간이 꽃봉오리인 것을

부처님께서 탄생하시어 일곱 걸음을 걸으시니 일곱 연꽃이 땅에서 솟아나 발을 감싸안았으며 하늘에서는 아홉 용이 물을 뿌리고 꽃비가 내렸다고 한다. 이내 일곱 걸음을 걸으시고는 한 손은 하늘을, 다른 한 손은 땅을 가리키며 "하늘 위 하늘 아래 나 홀로 존귀하다. 삼계가 고통 속에 있으니 내 이를 편안케 하리라!(天上天下 唯我獨尊 三界皆苦 我當安之)"라고 말씀하셨다.

많은 이들이 '천상천하 유아독존'이란 말을 나만 홀로 존귀하다고 잘못 이해한다. 그러나 그것은 부처님뿐 아니라 모든 중생 개개인이 다 존귀하다는 의미로 받아들여야 한다. "일체의 중생이 모두 부처의 성품을 가지고 있다(一切衆生 悉有佛性)"는 말과 같다. 이는 부처님뿐 아니라 너와 나, 우리 모두가 부처가 될 수 있음을 이 세상에 선포하고 약속한 것이다. 여기에 다른 종교와 구별되는 불교만의 보편성과 혁신성이 깃들어 있다.

세상의 모든 종교는 신과 사람의 중간 매개자인 선지자 혹은 예언자로서 교조가 등장한다. 그를 통해야만 비로소 신에게 다가갈 수 있고 천국과 영생을 누릴 수가 있다. 그러나 불교는 나의 수행과 깨달음으로 능히 부처를 이룰 수가 있다고 가르친다. 부처는 어느 누구만의 '고유명사'가 아니라 누구나 이룰 수 있는 '보통명사'로 전환되는 것이다.

당시 인도 사회는 힌두교의 카스트 제도에 의한 철저한 신분사회였다. 그런데 부처님은 "신분은 타고나는 것이 아니라 그 행위(業)에 의해 결정된다"고 말씀하셨다. 그리고 누구나 부처가 될 수 있다는 평등에 입각하여 당시로는 그 누구도 상상할 수 없는 혁명적인 선언과 실천을 몸소 하신 것이다.

부처님은 이렇듯 신이 아닌 인간이 중심인 평등하고 행복한 세상을 위해 80 평생을 중생과 더불어 함께하셨다. 당신의 삶과 수행, 그리고 깨달음과 전법은 그것을 증명하는 한 인간의 위대한 족적이자 대서사시와도 같았다. 또한 당신이 만든 무소유와 평등의 공동체인 '승가(僧伽)'라는 수행결사체는 그것을 실현하는 장(場)으로서 지금까지 면면히 이어져 내려오고 있다.

무엇보다 부처님은 신이 아닌 인간적 면모를 유감없이 보여주셨다. 일찍 돌아가신 어머님을 위해 눈물을 흘리거나, 아버님의 장례식에는 몸소 상여를 매기도 했고, 철없는 아들 라훌라를 걱정하기도 했다. 몸소 발우를 들고 걸식을 하였으며 포살과 자자에 참석해 죄 지은 것이 있으면 알려 달라 대중에게 청하기도 하였다. 조카인 데바닷다의 반역을 겪기도 하고 자신의 제자들에게조차 불신과 반목으로 떠나가는 가슴 아픈 일을 겪었음은 물론이다. 아마 모르긴 해도 속이 새까맣게 다 타버린 채 절대 고독과 번민을 느끼셨을 것이다.

부처님께서는 열반에 들기 직전에도 춘다의 버섯 공양으로 인해 병에 걸리시어 설사와 복통으로 고생하셨다. 그럼에도 춘다를 불러 위로하고 제자들에게 한 가지라도 더 궁금한 것이 있으면 물으라고 하셨다. 그러고는 마지막으로 하신 말씀이 "자기 자신을 등불로 삼고, 진리(法)를 등불로 삼아라! 부지런히 방일하지 말고 정진하라!"는 유훈(遺訓)을 남기셨다.

30대의 젊은 나이에 십자가에 못 박힌 예수님의 삶도 자못 드라마틱하고 위대하며 숭고하다고 생각한다. 그러나 80 평생을 인간이 겪을 수 있는 모든 것들을 다 겪으며 마침내 열반에 든 부처님의 생애

야말로, 그 자체로 위대한 삶이며 인간 승리의 역사라고 믿는다.

여기 한 인간의 위대한 삶과 수행의 여정이 있다. 시대와 역사를 앞서간 인류의 스승께서 몸소 보이신 길과 진리가 있다. 퇴계 이황 선생이 지은 〈도산십이곡〉 중에 "고인(古人)도 날 몯 보고 나도 고인 몯 뵈 / 고인을 몯 뵈도 녀던 길 알폐 잇네 / 녀던 길 알폐 잇거든 아니 녀고 엇뎔고"라는 글이 있다. 옛 성인의 가시던 길이 앞에 있나니, 우리 모두 아니 가고 어찌하겠는가! 우리도 부처님처럼 이 길을 따라 붓다로 살아갔으면 하는 바람이다.

그대 자신이 기적이 되게!

(Be the miracle)

이제 곧 불교 최대의 명절인 부처님오신날이 다가온다. 모든 사람들이 부처님의 자비덕화로 건강하고 행복하며 세상은 더욱 맑고 향기로운 세상이 되었으면 하는 바람이다. 특히 소외된 우리 이웃이나 고통 받고 힘들어하는 모든 이들이 새로운 희망과 용기를 가질 수 있는 부처님오신날이기를 소망한다.

문득, 다시 부처님께서 이 땅에 오신다면 과연 어떠한 모습으로 오실는지 자못 궁금하기 이를 데 없다. 아마도 부처님께서는 헐벗고 굶주리며 고통 받고 힘들어하는 곳에, 그곳 사람들의 모습으로 오시지 않을까 생각해본다. 그렇지 않다면 부처님께서 왜 오셔야만 하는지 나로서는 도무지 알 수가 없다. 아니면 시리아나 아프가니스탄 혹은 이라크나 예멘의 분쟁 지역이나 이웃 종교의 성지에 오시지는 않을까 하는 다소 엉뚱하고 발칙(?)한 상상을 하곤 한다. 그러지 말라는 법은 또 어디 있는가!

그런데 그런 생각을 한 것이 나만은 아닌 듯싶다. 2003년 개봉된 '브루스 올마이티(Bruce Almighty)'라는 영화를 보면 하느님은 놀랍게도 흑인 청소부(모건 프리먼 분)의 모습으로 나타난다. 그야말로 상식과 전통을 뛰어넘는 놀랍고 충격적인 장면이 아닐 수 없다. 이 영화는 우리에게 '신은 어떤 모습으로 나타날 것인가?'와 '당신이 만약 그 신이 된다면 대체 무엇을 할 것인가?'라는 오랜 화두를 던져준다.

뉴욕 버펄로시의 TV 리포터인 브루스(짐 케리 분)는 앵커 자리를 내심 기대하다가 경쟁자에게 빼앗기고 방송사고까지 저질러 회사에서 쫓겨난다. 그는 "왜 나한테는 기적이 일어나지 않느냐?"며 신을 향해 불만을 토해낸다. 그때 놀랍게도 그 앞에 신이 흑인 청소부의 모습으로 나타난다. 그러고는 자신은 1주일간 휴가를 갈 계획이라며 브루스에게 전지전능한 신의 능력을 잠시 빌려준다.

신의 능력을 얻은 브루스는 토마토 수프를 홍해 가르듯이 가르는가 하면, 소행성을 집 근처로 떨어트리고, 특종을 연이어 터트리며 화려하게 회사로 복귀하게 된다. 문제는 그가 자기도 모르는 사이에 전혀 다른 사람으로 변해간다는 사실이다. 이로 인해 아내는(제니퍼 애니스톤 분) 급기야 결별을 통보하고, 그 자신마저 일주일 뒤에 신의 능력을 상실한 데다 설상가상으로 대형 트럭에 치여 죽음을 맞게 된다.

결국 그동안 요행만을 바라며 살아온 이기적인 생각과 지난 과거의 행동을 진심으로 참회한다. 아울러 신의 결정적인 충고와 함께 지상으로 돌아와 아내와 함께 행복하게 살아간다는 내용의 영화이다.

신이 말한 기적의 의미는 무엇이었을까? "토마토 수프를 가르는 것이 기적이 아니라 그저 눈속임의 마술일 뿐이네. 두 개의 직장을 다니는 엄마가 그 바쁜 와중에 짬을 내어 아이를 축구 연습에 데려가는 것이 바로 기적이지! 10대가 마약에 'No' 하고 공부에 'Yes'라고 말하는 것이 바로 기적이라네!"라고 신은 기적의 의미를 말한다. 별스럽고 특별한 것이 아니라 일상에서 만나는 소소한 행복의 기적을 말하고 있는 것이다.

신이 브루스에게 해준 결정적 충고는 무엇일까? 바로 "기적을 보고 싶나? 자네 자신이 기적이 되게!(You want to see a miracle, Be the miracle!)"였다. 이렇듯 우리 각자의 삶과 수행에서 매 순간이 기적이 되는 그런 삶을 살아간다면, 신이나 초인과 같은 이의 임재(臨在)나 화현(化現)이 없을지라도 다 함께 더불어 살아가는 아름다운 세상이 될 것이다.

만약 부득이하게 부처님께서 이 땅에 다시 오신다면 헐벗고, 굶주리고, 고통 받는, 중생의 모습으로 그 삶의 현장으로 오시리라 믿는다. 그러니 그들을 부처님으로 대하면서 자비와 친절과 사랑으로 더불어 함께하는 것이야말로 부처님오신날을 맞이하는 진정한 자세가 아닐까. 당신들과 함께 살아가는 것이 바로 진정한 기적이자 축복일지니, 다 함께 서로의 부처님 오심을 찬탄합시다!

가난한 여인의 등불
– 빈녀일등(貧女一燈) 설화

부처님오신날 즈음이 되면 사찰과 거리마다 오색의 연등 물결이 넘쳐난다. 우리나라에서는 신라 경문왕과 진성여왕이 정월 보름에 황룡사에서 연등을 밝히고 불이 꺼지지 않도록 지켰고, 진흥왕(551년) 때 연등회를 열었다는 기록이 남아 있다. 요즘과 같은 연등회는 《고려사》에 기록된바 13세기 초 고려 무신정권 시기 최이가 처음 열었다는 설이 유력하다.

사월 초파일은 불교 명절 이전에 사실인즉 민속 명절이나 다름없었다. 홍석모의 《동국세시기》에 보면 19세기 중엽까지만 해도 민간에서 성행하였음을 알 수가 있다. 초파일 며칠 전부터 민가에선 꼭대기를 꿩의 깃으로 장식한 등간을 세우고 채색 비단으로 깃발을 내린 뒤 자녀의 수대로 등을 매달았다는 기록이 남아 있다. 등의 종류도 다양해서 연등, 수박등, 마늘등을 비롯해 학등, 사슴등, 잉어등, 자라등, 수복등, 만세등에 이르기까지 다양한지라 "마치 층층이 구슬을 꿰어놓은 것 같았다"고 했으니 아마도 장관이었을 게다.

부처님오신날이 되면 각자 손에 손에 연등을 밝히고 종로 일대의 거리에서 제등 행렬을 거행한다. 이미 국가무형문화제 제122호로 지정되어 온 국민과 세계인이 함께 즐기는 문화 축제로 자리매김하였다. 이 즈음 가장 많이 듣는 이야기가 바로 '빈녀일등(貧女一燈)'의 설화이다.

인도 마가다국에 '난타'라는 한 가난한 여인이 살고 있었다. 그 여인은 너무나 가난해서 이 집 저 집으로 돌아다니면서 허드렛일을 해주고 간신히 끼니를 얻어먹으며 살아가고 있었다.

그러던 어느 날, 성안이 떠들썩하여 물어보니 그날 밤에 부처님을 위하여 수천 개의 등불을 켜 공양

모든 순간이 꽃봉오리인 것을

올린다는 얘기를 들었다. 여인은 "나는 부처님처럼 위대한 성인이 오셨는데도 가진 것이 아무것도 없어 공양할 것이 없구나! 나도 등불을 하나 켜서 부처님께 공양하고 싶은데……" 하고 생각했다. 여인은 구걸을 하여 기름을 사서 등불을 밝혀 부처님 계시는 절에 걸어놓았다.

그러고는 "가난한 제가 이 조그마한 등불을 부처님께 공양하오니 받아주옵소서. 바라옵건대 이 작은 불빛이 모든 중생들의 마음을 밝게 비추게 하여 주옵소서!"라고 기원하였다. 아울러 "만약 제가 후세에 도를 얻게 된다면 이 등불이 밤새 꺼지지 않으리!"라고 서원을 하였다.

그런데 그날 밤 강한 바람이 세차게 휘몰아쳐서 초저녁에 켜놓았던 등불들이 모두 꺼져버렸다. 왕이 부처님께 공양한 커다란 등불조차 꺼져버렸다. 그러나 이상하게도 다음 날 새벽까지 작은 등불 하나만은 세찬 바람에도 꺼지지 않고, 오히려 어둠 속에서 더 밝은 빛을 내뿜고 있었다. 그것은 바로 가난한 여인 '난타'가 켜놓은 작은 등불이었다. 다음 날 신통제일인 목련존자가 이 등불을 손으로, 가사 자락

"어둠은 빛을 이길 수 없다. 거짓은 참을 이길 수 없다.
진실은 침몰하지 않는다. 우리는 포기하지 않는다."
다시 4월이 오면, 부처님오신날이 다가오면 2014년 4월 16일 세월호 참사가
떠오른다. 천 개의 바람이 되어 하늘나라로 떠난 어린 꽃 같은 이들과 그날의
광장에서 울려 퍼진 어린아이들의 이 노래가 떠오른다. 연등에 불을 밝히듯
우리 모두의 마음에 추모의 등불 하나 밝힌다.

으로, 부채로, 마지막으로 신통력을 다 동원해 끄려고 했지만 그래도 이 작은 등불은 꺼지지 않았다.

그러자 부처님께서 "그만두어라. 그것은 가난하지만 자신의 모든 것을 바친 착한 여인의 등불이다. 그 등불은 결코 꺼지지 않을 것이다. 그러한 공덕으로 그 여인은 오는 세상에 반드시 성불하여 이름을 수미등광여래라 하리라"라고 수기(受記)를 해주셨다고 한다.

이는 부처님오신날이면 자주 인용되는 '빈녀일등(貧女一燈)' 이야기로 《현우경(賢愚經)》의 〈빈녀난타품〉에 나오는 이야기다. 때로는 가난한 이의 등불이라는 의미로 '빈자일등(貧者一燈)'이라고도 한다.

등불은 부처님의 지혜광명을 상징한다. 생로병사의 고통 속에 살아가는 중생을 자비로 구제하기 위한 깨달음의 빛이자 희망이다. 연등을 밝히는 것은 어둠을 걷어내는 것이요, 마음을 밝히는 것이기도 하다. 연꽃 모양의 등은 연꽃의 특성을 본받아 나를 희생하면서도 맑고 향기로우며 아름다운 세상을 만들겠다는 중생의 꿈과 비원(悲願)이 담겨 있다.

〈강원도아리랑〉의 한 대목에 "흙물의 연꽃은 곱

기만 하다. 세상이 흐려도 제 할 탓이지. 아리아리 쓰리쓰리 아라리요. 아리랑 고개로 넘어간다……"는 가사가 있다. 이 사바세계가 비록 흙탕물과 같다 할지라도 제 할 탓에 달려 있는 것이다. 더러운 연못 속에서도 아름답게 피어나 때 묻지 않는 연꽃처럼 말이다. 아마 부처님께서 이 세상에 오신 것도 바로 그 뜻을 전하기 위함일 게다. 괜찮다고, 걱정 말라고, 힘내라고, 다시 일어나 서로 사랑하라고 말이다.

모든 순간이 꽃봉오리인 것을

인간극장(人間劇場)에서 만난 부처님들

나는 주지를 하거나 기도 혹은 참선을 하는 수도승(隊道僧)이 아니라, 종단에서 행정을 하는 일명 '수도승(首都僧)'으로 10년째 소임을 살고 있다. 그런 까닭에 거의 유일한 낙이 아침에 KBS 〈인간극장〉이란 프로그램을 보는 것이다. 세상 사람들이 진솔하고 열심히 살아가는 모습을 통해 간접 체험을 하고 작지만 소중한 깨달음을 얻을 수 있어서이다.

언젠가 '칠갑산 여왕벌 우 여사'라는 이야기가 특히 기억에 남는다. 10대 어린 시절에 결혼해 20대 말에 남편과 사별하고는, 먹고살기가 힘들어 아이까지 남의 집에 보냈다고 한다. 그렇게 죽기 살기로 억척스레 일만 하고 고생한 끝에, 이제는 자기 농토도 갖고 자손들도 번창하여 먹고 살 만하게 되었다고 한다.

그런데 할머니는 매월 3~4월이면 산에 올라 비탈길을 누비며 다래순 나물을 따다가 파신다. 나물을 끓는 물에 데쳐 손으로 꼭꼭 누르면 3,000원 정도 하는데, 주로 칠갑산을 찾는 이들의 산채비빔밥 재료로 쓰인다. 아마 두 달 내내 온 산천의 비탈길을 오르내리며 뜯어야 겨우 40~50만 원을 만질 수 있을 게다.

담당 PD가 "아니 왜 이렇게 힘들게 나물을 뜯으세요?"라고 물었다. 그랬더니 할머니께서는 "이걸 뜯어다 팔아서 초파일날 봉축등 달려고요!"라고 말씀하신다. 그 순간 가슴이 쿵! 하고 내려앉는 듯했다. 과연 이렇게 어렵고 힘들게 나물을 뜯어 모은 돈으로 낸 연등비를 우리가 받을 수 있을까? 우린 그런 중생의 피땀 어린 노력과 정성으로 올리는 공양을 받을 자격이 있는가? 그 공양을 받고 능히 이웃과 사회를 위해 베풀며 밥값은 하고 있는가? 그렇지 못하다면 초심으로 돌아가 새로운 신심과 원력 그리고 공심으로 살아가야 함을 뼈저리게 느꼈다.

다행히 할머님이 다니시는 절은 작고 아담한 비구니 사찰로 주지 스님께서 버선발로 뛰쳐나와 불보살님 대하듯이 하시는지라 마음이 조금은 놓였다. 할머님이 뜯은 다래순 나물을 부처님 전에 공양 올리니 부처님께서도 미소 지으시는 듯했다. 그 할머님의 마음이 곧 부처님의 마음이라고 생각한다. 아마도 그분은 우리를 일깨워주시려고 짐짓 할머니의 모습으로 나투신 부처님이나 보살님의 화현이 아니었을까 생각한다. 이렇듯 우리 주위를 자세히 살펴보면 부처님이나 보살님의 마음과 행동을 그대로 본받은 분들이 너무도 많이 계신다.

또 다른 분은 '모자 화가(母子畫家)'편에 나오신 아흔두 살의 김두엽 어머니와 아들 이현영 화가이다. 모자는 전남 광양에 사시는데 아들이 택배 일을 나가고 나면 어머니는 아들을 기다리며 주위의 꽃과 나무를 그리신다. 화가 아들의 멋진 나무 그림보다 투박하지만 진솔한 어머니의 그림이 훨씬 보기에 좋고 정이 간다.

파블로 피카소가 "내가 어린아이처럼 그리는 데 평생이 걸렸다"라고 했다던가. 추사 김정희의 봉은사 '판전(板殿)' 글씨는 마치 어린아이가 쓴 것 같으나 만년의 득의작(得意作)이라 할 만하다. 그 어머님의 그림 또한 그러한지라 나는 전화로 1년 전 돌아가신 친어머님을 그리듯 그림을 간직하고 싶다고 부탁드렸다. 그랬더니 흔쾌히 노란 장미 그림을 보내주셔서 내 시무실 벽에 고이 모셔놓은 채, 자주 바라보곤 한다.

　성 프란체스코 성인이 한겨울에 신성(神性)을 보여달라고 하자, 장미꽃이 스스로 꽃을 피웠다는 아름다운 이야기가 있다. 그렇듯이 내 머리맡의 노란 장미꽃 그림도 내 안에서 언제나 활짝 피어나 만발할 것이다. 이 행복한 두 모자의 삶과 그림 그리는 그 마음이 바로 부처이자 부처님 마음이 아닐까 생각한다.

　특히 아흔두 살의 김두엽 어머님은 두어 해 전에 돌아가신 우리 친어머님을 떠올리게 한다. 그런 까닭에 노란 장미 그림은 내겐 친어머님께서 사랑하시던 목련꽃과 같다. 이른바 노란 산목련이라 생각하

"하얀 목련이 필 때면 다시 생각나는 사람,
언제까지 내 사랑이어라, 내 사랑이어라."

양희은의 '하얀 목련'을 부르며 돌아가신 어머님을 떠올린다. 시골집 뒤란의
묘지 뒤 산목련이 어머님의 넋인 양 피어 만발할 것이다. 한겨울에 프란체스
코 넘인에서 장미를 바라보며 "신성을 보여주소서!"라고 기도하니 갑자기
장미꽃이 피어 만발하는 이적을 보였다고 한다.
봐라, 꽃이다! 그대 산목련 향기를 듣는가?

고 보면 또한 그리 보이는 법이다. 그러니 가끔씩 봄날에는 노란 장미 그림이 하얀 산목련으로 화한 채, 내 가슴 안에 어머님의 마음으로 흐드러지게 피어 만발할 것이라 믿는다.

옛날 봄을 찾아 온 산하를 헤매다 집에 돌아와 보니 제 집 마당에 매화꽃이 이미 만발하더라는 이야기가 있다. 그리고 젊은 날에 부처님을 찾아 헤매다가 누군가에게 "네가 집에 돌아가면 버선발로 뛰쳐나오는 이가 바로 부처니라!"라는 말을 들은 이가 있었다. 그래서 마침내 고향집에 돌아와 보니 어머님이 버선발로 뛰어나와 반기더라는 것이다. 이렇듯 부처님은 바로 우리 부모 형제와 이웃들이고, 봄날의 행복이란 내 주위나 마음속에 항상하는 것이다.

부모님께 혹은 형제자매와 이웃들에게 지금 당장 전화 한 통이라도 드려보면 어떨까? 오늘은 지난 사람들이 그토록 살고 싶었던 내일이다. 지금, 이 순간을 떠나서 다른 호시절이 없는 것이다. 그러니 오늘을 마지막이자 처음인 것처럼, 우리 모두 그렇게 살며 사랑하고 행복할 일이다.

모든 순간이 꽃봉오리인 것을

부처님 오신 날에
펭수가 나타났다!

펭수(Pengsoo)는 EBS 교육방송의 '자이언트 펭 TV'에 등장하는 캐릭터이다. 펭수는 EBS 연습생으로 최고의 크리에이터가 되는 것이 꿈이다. 동영상을 보면 펭수는 이 꿈을 이루기 위해 남극에서 비행기를 타고 스위스에 착륙해 요들송을 배우고, 스위스에서부터 헤엄쳐 인천 앞바다까지 왔다고 밝힌다. 펭수 자신과 프로듀서가 방송이나 인터뷰에서 펭수는 진짜 펭귄이라고 주장하며 동물병원에서 엑스레이 검사까지 하는 에피소드도 방송되었다.

펭수가 EBS를 혼자 먹여 살린다는 얘기가 나올 정도이다. 오죽하면 EBS 김명중 사장 이름을 펭수

때문에 알게 되었다는 말까지 나올 지경이다.

펭수는 남극 출신의 10살가량 된 펭귄으로 항상 입가심으로 참치를 먹는다고 전해진다. 2019년 3월 20일 홀연히 나타나 처음에는 어린이를 대상으로 설정된 캐릭터였다. 그러나 깨방정을 떠는 모습이나 솔직하고 질투를 표출하는 안티히어로적인 모습을 보이면서 성인들에게도 선풍적 인기를 끌고 있다. 현재 어른들의 뽀통령으로까지 불리며 절대적 지지를 받고 있다. 필자도 한번 우연히 시청한 후에 그 거침없는 말투와 친근함에 금세 팬이 되어버렸다.

펭수가 외교부에 방문했을 적에는 강경화 장관에게 "당신이 이곳의 대빵입니까?"라고 해서 웃음을 자아냈다. 심지어 국가 1급 시설에 신분 확인이 불명확한 펭수가 출입한 것을 두고 모 의원이 문제 제기를 하여 더욱 유명해졌다. 현재 유튜브 채널의 구독자 수가 200만 명이 넘을 정도로 히트를 치면서 유명세를 치르고 있는 중이다.

10년 전쯤 남아공의 케이프타운에 갔을 때 펭귄이 서식하는 샌드비치를 간 적이 있었다. 생각보다 펭귄이 너무 조그마해서 놀랐다. 펭귄의 키는

모든 순간이 꽃봉오리인 것을

30~50센티미터가 보통이다. 그런데 아무리 자이언트 펭귄이라 할지라도 펭수는 210센티미터의 키에 100킬로그램에 육박하는 몸무게를 자랑한다. 성별도 불분명하고 머리에는 EBS 사장이 선물했다는 헤드폰까지 착용하고 있다. 또 남극 펭씨에 이름은 빼어날 수(秀) 자를 쓰고 있다.

청암사 승가대학 3학년인 열일곱 살 스님은 자신이 사는 청암사에 방탄소년단(BTS)이 왔으면 좋겠다고 한다. 그것도 좋지만 나는 조계종 총무원이나 이번 부처님오신날 제등 행렬을 하는 종로 일대, 혹은 봉축 법요식이 있는 조계사 대웅전에 펭수가 오면 얼마나 좋을까 하는 생각을 해본다. 그러고 보니 펭수의 종교가 무엇인지도 알 수가 없다. 그렇지만 평소 언행을 보면 자유분방한 것이 불교에 잘 맞을 듯한 생각이 든다.

펭수를 조계종이나 연등회 홍보대사로 위촉하는 것도 좋을 것 같다. 총무원에 와서 우리 총무원장 스님께 "스님이 대빵이신가요?"라며 당돌하게 질문을 하거나, 백만원력불사에 그동안 번 돈을 기부하는 것도 좋으리라. 아니면 조계사 선재어린이집 원

아들이나 동자승들과 함께 마당에서 뛰어놀아도 좋을 것이다.

무엇보다 연등회 제등 행렬에 오색 연등을 들고 참가한다면 모두가 행복해할 것이다. 아이에서 어른까지 더 나아가 외국인까지 실로 잊지 못할 추억이 될 것이다. 제등 행렬 후에는 보신각 근처에서 흥에 겨워 어깨춤이라도 추면서 즐겁고 행복한 시간을 함께했으면 좋겠다.

조계사 앞마당에서 열리는 부처님오신날 봉축 법요식에 펭수가 종정 예하를 모시고 함께 등장하는 것도 놀라운 파격이 되리라. 부처님 전에 헌향이나 헌다 혹은 헌화를 해도 좋고, 아기 부처님 관욕 의식을 하는 것도 의미가 있으리라.

그럼 모두가 행복한 부처님오신날이 되지 않을까요? 생각만 해도 웃음이 절로 나오는 기막힌 부처님오신날이 될 것만 같다.

펭수, 어때요? 한번 와줄 거죠!

기다릴게요!

　　　　　모든 순간이 꽃봉오리인 것을

어느 수녀님의 성탄 카드

지난해 크리스마스 날에 성탄 카드 한 통을 받았다. 가톨릭 B 수도회의 E 수녀님이 보내온 것이다. 단언컨대 여태까지 내가 받았던 크리스마스 성탄 선물 중에 단연 최고였음을 고백한다. 카드 겉면에는 허름한 마구간의 말구유에 아기 예수님이 탄생하는 순간의 그림이 그려져 있고, 주위에 아기 예수의 성탄을 축하하는 동방박사의 모습도 보인다. 솔직히 나도 그 순간 동방박사가 되어 아기 예수의 탄생을 경하하고 싶어졌다.

카드를 열자 수도자다운 정갈하고 고운 글씨로

다음과 같이 적혀 있었다.

"조금은 낯설으면서도 익숙하게 다가오는 좋은 글을 감사히 받아 읽었습니다. 세상에서 수도자란 얼마나 소중하고 귀한 존재인지 가슴 묵직하게 깨달으면서요. 저에게까지 책 보내주셔서 정말 감사합니다. '오늘, 그곳'에서 성탄(聖誕)하시기를! 기도합니다!"

부처님오신날 무렵에 졸저 한 권을 보내드린 적이 있었다. 그 고마움을 가슴에 고이 간직해두셨다가, 크리스마스 성탄 카드에 담아 이렇게 보내오신 것이다. 특히 마지막의 "오늘, 그곳에서 성탄"이라는 말에 깊은 감명과 행복을 느꼈다. "나는 지금, 여기에서 진정 '성탄'을 하고 있는가?" 이것은 내 자신에게 엄중히 묻고 답해야만 하는 나의 화두(話頭)가 된 것이다.

수녀님이 카드에 함께 써주신 안드레아 슈바르츠 신부의 말씀도 감동을 주었다. 나의 삶과 수행에서도 지표가 될 만한 준엄한 경책의 말씀이었다.

"하느님은 대중의 관심을 끌거나 거창한 방식으로 현존하지 않으십니다. 오히려 소박하게 배후에

모든 순간이 꽃봉오리인 것을

계십니다. 우리는 웅장한 것, 아름다운 것, 조화를 이루는 것을 홍보할 필요가 없습니다. 우리는 작은 것, 보호할 가치가 있는 것, 거창하지 않은 것을 추구해도 됩니다."

이렇게 수녀님과 알게 된 것은 가톨릭 신자인 테레사와의 인연 때문이다. 언젠가 평소 존경하던 스님을 통해 수덕사에서 며칠 쉬고 싶다고 연락이 와서 테레사를 알게 되었다. 그렇게 오랜 인연인지라 언젠가 돌에다 프란치스코 교황의 '복음의 기쁨'을 써서 선물해주었다. 그런데 E 수녀님이 우연히 보시고는 당신도 하나 받고 싶다고 하셨단다. 그래서 설악산 백담사 계곡에서 주운 멋진 돌에 프란치스코 교황의 '복음의 기쁨'과 경허 스님의 선시 '우음(偶吟)'을 정성스레 써서 새겨드렸다. 아울러 성 프란체스코 성인의 '평화를 구하는 기도'도 색지에 정성스레 적어 선물로 드렸다. 참 행복한 순간의 추억이 아니었나 싶다.

수녀님들은 임지를 옮길 적에 작은 상자 하나만큼의 물건만 겨우 가져갈 수 있다고 한다. 언젠가 E 수녀님은 제주도 어느 성당으로 가셔야 하는데 내가 선물한 돌멩이가 너무 커서 가져갈 수가 없었다고 한다. 그러자 가슴에 품은 채 수녀원장실로 가서 "스님께서 교황님 글을 써주었는데, 이것만은 꼭 가져가고 싶습니다!"라고 청원을 하여 기어코 가져갔다는 이야기를 전해 들었다. 또 내가 써준 성 프란체스코의 '평화를 구하는 기도'로 매일 기도를 하신다고 한다. 수행이 부족한 스님의 글씨인지라 별로 영험이 없겠지만, 그래도 수녀님의 간절함과 지극함의 기도에 힘입어 조금은 영험이 있으리라 믿는다. 이 정도면 참으로 의미 있고 소중하며 아름다운 인연이 아닐까 생각한다.

그럼에도 나는 수녀님을 한 번도 뵌 적이 없거니와, 함께 이야기나 전화 통화조차 나눈 적이 없다. 아마 내 사무실 벽에 걸린 이해인 수녀의 사진처럼 곱고 아름다운 마음을 지니고 계시리라 생각할 뿐이다. 우리가 가는 길은 비록 조금 다를지 몰라도, 저마다의 방식으로 삶과 수행을 통해 각자의 성인을 닮아가려는 그 마음은 같을 것이라고 믿는다. 누군가, 어딘가에서 같은 생각과 꿈을 꾸며 서로 다른 길에서 더불어 함께한다는 것은 그래서 더욱 의미 있고 아름다운 일일 것이다. 내게 수녀님이 그런 분이시다.

작년에 크리스마스의 기적과 행복을 경험했으니 올해 부처님오신날에는 수녀님께 예쁜 성탄 카드와 함께 작은 선물을 보내드리고 싶다. 그걸 받은 수녀님이 지을 행복한 미소를 떠올리니, 이번 부처님오신날은 더욱 의미 있고 아름다운 성탄이 되리라 생각한다.

이렇듯 스님과 목사님, 신부님과 수녀님이 진리의 길 안에서 평화롭고 행복한 것이 바로 모든 성인들께서 이 땅에 오신 성탄의 참 의미가 아닐까. 진리의 길은 하나이다. 다만 그곳에 이르는 길이 서로 조금 다를 뿐이다. 사랑과 자비에 무슨 차별이 있겠는가? 서로 '다름'을 인정하고 더불어 함께할 때, 우리가 사는 세상이 더욱 살 만하지 않을까 생각한다.

곧 기쁘고 행복한 부처님오신날이다. 이런 날 무슨 슬픔이겠는가, 이런 날 무슨 미움이겠는가! 다만 우리 모두가 춤추고 노래하며 찬탄하고 행복할 일이다.

1945년, 광복이 되자 만공 스님께서 무궁화 꽃잎에 먹을 묻혀 '세계일화(世界一花)'라고 휘호하시었다. 세계가 한 송이 꽃이라는 뜻이다. 세계가 한 송이 꽃속에 들어 있다면, 한 송이 꽃 속에서 능히 세계를 볼 수 있다.

부처님오신날에 하늘에서 꽃비가 흩날린다.

꽃 한 송이 집어 들고 침묵함이여, 누가 있어 이에 빙그레 미소 지으며 한바탕 크게 웃음이 있으리오!

아, 수덕각시여!
– 수덕사 관음바위와 버선꽃의 전설

충남 예산의 수덕사는 내가 출가한 본사이다. 국보인 대웅전은 고풍스럽고 단아하며 목조 건축의 걸작이라 할 만하다. 특히 해질녘에 오른쪽의 명부전 앞에서 대웅전을 바라보면 한복을 곱게 차려입은 새악시가 다소곳이 앉아 있는 듯하다. 아니 한 마리 학이 곧 비상할 듯한 모습으로 감탄이 절로 난다.

대웅전 왼편에는 커다란 바위가 하나 있는데 일명 '관음바위'라고 불린다. 갈라진 바위틈으로 봄이면 노란 버선 모양의 꽃이 피어나는데 청초하고 아름답기 그지없다. 이 바위에는 아름다운 전설이 전

해온다.

옛날 이곳에 '수덕각시'라는 어여쁘고 아름다운 처녀가 살고 있었다고 한다. 처녀의 미모가 소문이 나자 여러 곳에서 혼인을 하려고 총각들이 안달이 났다. 중매가 끊임없이 들어오자 이젠 뭔가 대책을 강구해야만 했다.

그러자 수덕각시는 총각들에게 "나는 세상에서 가장 멋진 남자와 결혼하려 합니다. 우선《법화경》을 모두 외우는 이가 있으면 제 배필로 삼겠습니다"라고 말했다. 그때부터《법화경》을 외우는 총각들이 넘쳐났다. 하지만 그 방대한《법화경》경전을 모두 외우는 일이 어찌 그리 쉽겠는가. 하나 둘 나가떨어지고 마지막까지 남아《법화경》을 모두 외운 총각이 드디어 한 명 나왔다. 바로 정혜도령이다. 둘은 며칠 뒤에 결혼식을 올리기로 하였다.

그런데 결혼식 당일이 되자 처녀가 홀연히 도망쳐 바위틈 사이로 사라지는 것이 아닌가. 총각은 뒤쫓아 가서는 사라지는 처녀의 버선을 움켜잡았으나, 안타깝게도 한쪽 버선만 남겨둔 채 처녀는 바위 안으로 사라져버리고 말았다.

이 얼마나 안타깝고 황망한 일이 아니겠는가. 세상에서 가장 아름다운 처녀를 아내로 얻어 백년해로할 줄 알았는데, 눈 깜짝할 사이에 물거품처럼 제 눈앞에서 사라져버렸으니 말이다. 그야말로 인생무상을 뼈저리게 느끼지 않을 수 없었음은 물론이다. 그 후 총각은 산을 올라 이 일에 대해 참구하다 마침내 무상함을 느껴 출가를 하게 되었다고 한다.

수덕각시가 살던 곳에는 수덕사가 세워지고, 정혜도령이 수행한 곳에는 정혜사가 생겼다고 한다. 그리고 수덕각시가 사라진 바위는 '관음바위'라고 했으며, 바위틈에서는 수덕각시의 버선을 닮은 노란 버선꽃이 해마다 봄이면 어김없이 아름답게 피어났다고 전해진다.

비록 전설과 설화이기는 하지만 그야말로 스토리텔링이 잘된 느낌이다. 예로부터 수덕각시는 관세음보살의 화신으로 알려져 있다. 관세음보살님께서 천수천안으로 세상을 살피시다가 중생의 근기에 맞추어 온갖 방편과 모습으로 나타나시는 것이다. 그리하여 중생을 궁극적으로 깨달음으로 이끄시니 실로 신묘하고 수승한 인연공덕이 아닐 수 없다.

버선꽃

수덕각시
바위틈으로 사라지고 다만
버선 한 짝 남겼네
봄이면 언제나
노오란 버선꽃이 또
피어나는걸……
4월 보름 무렵
버선꽃 아래 그대,
기시는 듯 돌아오소서!

불기 2564년 부처님오신날에
진광 손 모음

대웅전 기둥이 싸리나무라는 이야기도 있는데, 싸리나무가 아무리 커도 어찌 저리 클 수가 있을까 싶다. 그럼에도 불구하고 중생의 믿음과 염원이 능히 그것을 가능케 하고 믿게 하는 법이다. 저 기둥에는 오랜 풍상을 견뎌온 연륜과 더불어 수많은 중생의 정성과 비원이 함께하기 때문이다.

수덕사에 들어와 처음으로 노란 버선꽃을 보았다. 때론 기쁘고 행복한 마음으로, 또 때로는 사무치는 그리움과 슬픔으로 함께하여왔다. 그리고 지금까지도 봄이면 어김없이 피어 만발한다.

그 꽃이 수덕각시의 버선이든 혹은 관세음보살의 천의무봉한 옷자락이든 그것이 무에 그리 중요한가. 현상이나 물질이 아닌 그곳에 깃든 정신과 의미를 알아야 한다. 아니 우리도 정혜도령처럼 무수한 수덕각시와 인연을 겪고, 가슴 아프게 떠나보내야 하며, 또한 사무치게 깨달아야 한다. 그래야 비로소 참 의미를 알 수가 있고 마침내 그로 인해 뭔가 깨달을 수가 있는 것이다.

다시 봄이 와서 버선꽃이 필 적에는 덕숭산 수덕사로 한번 가보리라. 수덕각시와 정혜도령의 아름다운 이야기 속을 거닐어보리라. 그리고 관음바위 틈에서 피어난 노란 버선꽃을 맘껏 보고 싶다. 아니 밤새워 바위 앞에 우두커니 선 채, 혹여나 수덕각시가 바위 밖으로 다시 나오시는지 보고 싶다.

만약 혹여라도 수덕각시가 다시 나온다면 이번에는 절대로 놓치지 않으리라. 아니, 도리어 내가 먼저 바위 속으로 들어가리라. 그리하여 사랑을 하는 것이 사랑을 받는 것보다 더욱 행복하다는 것을 그이에게 알려주리라. 노란 그 꽃이 다시 내 안에 피어나려고 밤새 소쩍새는 저리 울어대고 내게는 잠도 오지 않았나 보다. 아, 수덕각시여, 노란 버선꽃이여, 관세음보살님이시여!

모든 순간이 꽃봉오리인 것을

새옹지마 혹은 우공이산

세상에 내 마음대로 되는 것이 얼마나 되겠는가! 어떤 날은 흐리고 어떤 날은 맑고, 날씨의 변덕만큼이나 인생사도 복잡다양하기만 하다. 중요한 것은 날씨나 세상사가 아니라 그것을 받아들이는 각자의 마음이다. 《화엄경》에서 이야기하듯이 '일체유심조(一切唯心造)'라고 일체가 마음먹기에 달린 것이다.

중국 변방 지방에 사는 노인[塞翁]이 한 명 있었다. 말을 키우고 있었는데 어느 날엔가 모두 도망을 쳐 버렸다. 모두들 참 안됐다고 걱정을 하는데 노인은 도리어 "어찌 더 좋은 일이 있을 줄 알겠는가?"라며 담담한 모습이었다. 아니나 다를까 집을 나간 말들이 다른 말들을 이끌고 집으로 돌아왔다. 모두들 축하를 하는데 "이것이 혹여 좋은 일만은 아닐 게다"라며 역시 담담한 표정을 지었다.

그때 손자가 그 말을 타다가 떨어져 다리를 다치는 일이 있었다. 모두들 걱정과 위로의 말을 해도 "어찌 아는가, 이것이 꼭 나쁜 일만은 아니리!"라고 하였다. 얼마 안 되어 나라에 전쟁이 일어나 젊은이들 열에 아홉은 죽임을 당했건만, 노인의 손자는 다리를 다친 까닭에 징집되지 않아 목숨을 건졌다고 한다.

이것이 바로 유명한 '새옹지마(塞翁之馬)' 고사이다. 세상사라는 것이 좋은 일이 있으면 반드시 나쁜 일이 따라오는 법이다. 행복과 불행은 동전의 양면과 같아 함께 온다는 말이 있지 않은가, 괴로움이 다하면 달고 행복한 일이 오게[苦盡甘來] 마련이다. 갖가지 일에 일희일비(一喜一悲)하지 말고 담담히 맞이할 일이다.

중국 태항산 기슭에 한 노인이 살고 있었다. 집 앞에 커다란 산이 가로막혀 있어서 여간 불편한 일이 아니었다. 그래서 앞산을 뚫어 길을 내기로 마음 먹었다. 그때부터 산의 흙을 퍼다가 발해의 바닷가에 가져다 버리기 시작했는데 아주 많은 시간이 걸렸다. 마을 사람들이 노인이 미쳤다면서 손가락질을 하기 시작했다. 그러나 노인은 묵묵히 흙을 삼태기에 담아 갖다 버리는 일을 계속했다. 마침내 태항산 산신령이 꿈에 나타나 만류하기에 이르렀다.

이번 일의 무모함과 불가능을 말하는 산신령에게 도리어 노인은 힘주어 말했다. "내가 하다가 못하면 내 아들과 손자가 나서서 쉼 없이 할 것이다. 산은 유한하지만 내 자손은 길이 이 일을 할 것이니, 언젠가 마침내 산을 옮길 수 있으리라." 이 말에 기가 질려버린 산신령은 스스로 산을 다른 곳으로 옮겨 갔다고 한다.

중국을 건국한 마오쩌둥(毛澤東)은 이 고사를 들어 "이는 인민의 투쟁과 열망이 능히 역사를 새롭게 창조할 수 있음을 보여준다"고 평가하였다. 이것이 그 유명한 '우공이산(愚公移山)'의 고사이다. 어리석은 노인이 마침내 산을 옮긴 것이다.

이런 일이 인도에서 실제로 일어났다. 다시랏 만

지라는 사람이 그 주인공이다. 어느 날 아내가 새참을 가져오다가 넘어져 크게 다쳤는데, 산이 막혀 멀리 돌아가는 바람에 제때 응급조치를 못해 끝내 숨지고 말았다. 이에 다시는 이런 일이 다른 사람에게 일어나지 말아야겠다는 마음에 염소를 팔아 망치와 정을 구입해 길을 만들기 시작했다. 그렇게 22년간에 걸쳐 험준한 산을 깎아 길이 110m, 폭 8m의 길을 만들었다는 이야기다. 이 감동적인 사연은 훗날 '마운틴 맨(Mountain Man)'이란 영화로 만들어졌다.

무릇 물은 지극히 작고 부드럽지만 능히 바위도 뚫는(滴水穿石) 법이다. 영국의 극작가이자 비평가인 조지 버나드 쇼는 "사람들은 존재하는 것들을 보고 '왜?'냐고 묻지만, 나는 존재하지 않는 것들을 보며 '안 될 게 뭐야!'라고 말한다"라고 했다. "왜? 안 될 게 뭐야!"라고 말하는 순간, 세상은 좀 더 살기 좋은 곳으로 변화할 것이다. 우리 모두 새옹(塞翁)이나 우공(愚公)의 마음으로 그렇게 살아갈 일이다. 절대 당신의 꿈을 포기하지 마라!(Never give up on your dream!)

모든 순간이 꽃봉오리인 것을

아유몽상(我有夢想)
– 나에게는 꿈이 있습니다!

청도 운문사의 일진 스님께 전화를 걸면 아바(ABBA)
의 명곡 〈내겐 꿈이 있어요(I have a dream)〉가 컬러링
으로 흘러나온다. 누구나 알 만한 강백 스님의 컬러
링 치고는 파격인지라 미소 지으며 듣곤 한다.

"내겐 꿈이 있어요, 환상이죠. / 힘든 현실을 헤쳐
나갈 수 있게 도와줄, / 내가 닿을 목적지는 / 어둠
속에서도 힘을 내 한 발짝을 더 옮겨볼 / 그런 가치
가 있는 곳이죠. / (…) / 알맞은 때가 오면 나는 강
을 건널 거예요 / 내겐 꿈이 있어요."

가사도 좋거니와 아바의 조화로운 목소리가 단연

압권이다. 또한 어느 곳에서라도 이 음악을 들으면 스님을 떠올리게 된다. 어느 봄날 동티베트 초원 위에서 지천으로 피어난 들꽃보다 더 아름다웠던 그 환한 미소와 함께 말이다.

1963년 8월 23일 노예해방 100주년을 기념해 워싱턴에서 열린 평화대행진에서 흑인 인권운동가인 마틴 루터 킹 주니어 목사의 연설이 있었다. 미국 역사상 가장 위대한 연설로 손꼽히는 것이 '나에게 꿈이 있습니다'라는 그 연설이다.

"나에게는 꿈이 있습니다. 조지아주의 붉은 언덕에서 노예의 후손들과 노예 주인의 후손들이 형제처럼 손을 맞잡고 나란히 앉는 꿈입니다. 나에게는 꿈이 있습니다. 내 아이들이 피부색을 기준으로 사람을 평가하지 않고 인격을 기준으로 사람을 평가하는 나라에서 살게 되는 꿈입니다. ……이런 희망이 있다면 우리는 절망의 산을 토막 내어 희망의 이정표를 만들 수 있습니다."

미국 갱스터 랩의 선구자이자 전설적인 래퍼 투팍(2PAC)은 그의 노래 〈변화(Change)〉의 마지막에 홀로 독백을 한다. "어떤 것은 결코 변하지 않는다(Somethings will never change)"라고 말이다. 그러나 이 세상에 변하지 않는 것은 아무것도 없다. 버락 오바마가 흑인 최초로 미국 대통령이 된 것도 이를 반증하는 것이라고 할 수 있다.

불가능, 그것은 가능의 다른 이름일 뿐이다. 그런 믿음과 실천만이 세상을 진보케 하고 더욱 살 만한 곳으로 만드는 것이다. 쿠바 혁명의 영웅인 체 게바라는 "리얼리스트가 되자! 그러나 가슴 속에는 불가능한 꿈을 가져라!"라고 말했다. 또한 오스트리아의 건축가이자 화가인 훈데르트 바서는 "혼자 꾸는 꿈은 그저 꿈이지만, 여럿이 함께 꾸는 꿈은 현실이 된다"라고 말했다. 누군가 불가능한 꿈을 꾸기 시작하면 그것은 곧 우리 모두의 꿈이 되고 마침내 현실이 된다.

모두가 그건 불가능하다고 말할 때, 누군가는 그것을 실현하기 위해 새로운 여정을 이미 시작했다. 저것은 넘을 수 없는 벽이라고 말하고 절망할 적에, 담쟁이는 수천수만의 담쟁이들을 이끌고 그 벽을 타고 넘어가듯이 말이다. 참 68혁명의 표어는 "상상력에 권력을!"이었다.

내 휴대폰 컬러링은 10여 년간 한결같이 비틀스의 존 레넌이 부른 '이매진(Imagine)'이란 노래이다. "천국이 없다고 상상해봐요. / 해보면 쉽지요. / 우리 아래 지옥도 없고요. / 우리 위에는 오직 하늘만이……. / 상상해봐요, 모든 사람들이 / 오늘을 위해 살아간다고……. // 국가가 없다고 상상해봐요. / 어렵지 않지요. / 무엇을 위해 죽이거나 죽을 것이 없고 / 종교도 물론 없고요. / 상상해봐요, 모든 사람들이 / 평화로운 생을 살아간다고. // (…) // 당신은 내가 몽상가라고 하겠죠. / 하지만 나는 혼자가 아닙니다. / 나는 당신이 우리에게 동참하기를 원합니다. / 그리고 이 세상은 하나로 살아 갈 거예요."

국가가 없고 종교가 없는 세상은 어쩌면 불가능한 꿈일지도 모른다. 하지만 세상은 그런 꿈을 꾸는 몽상가에 의해 조금씩 진보하고 발전하는 법이다.

카르페 디엠(Carpe Diem)
— 현재를 즐겨라!

요즘 '하루를 충실하게' 혹은 ' 나답게' 살자는 사람들이 많아졌다. 행복의 가치가 변한 것이다. 이른바 '욜로(YOLO)족'이 그들이다. 욜로는 '한 번뿐인 인생(You Only Life Once)'의 약자이다. 다시는 살 수 없는 인생이니 지금, 바로 여기에서 행복을 찾으라는 것이다. 욜로족은 남이 아닌 자신을, 미래보다는 현재의 행복을 그 무엇보다 중요시한다.

아울러 일(Work)과 삶(Life)의 밸런스(Balance)를 추구하는 '워라밸'이 인기이다. 이젠 시대가 바뀌어 미래를 위해 현재를 저당잡히는 일을 하지 않는다.

'지금, 여기에서 행복하기'가 새로운 시대의 트렌드가 되어버렸다.

잘 다니던 회사를 그만두고 훌쩍 세계여행을 떠나는 사람, 전셋집에 살면서도 좋은 차를 몰고 다니는 사람, 휴가에 스스로를 위해 최고급 호텔에서 하룻밤을 묵는 사람, 오로라나 백야를 보기 위해 가족을 데리고 북유럽으로 여행을 떠나는 사람들이 바로 욜로족의 모습들이다.

이는 현재를 즐기라는 '카르페 디엠(Carpe Diem)'의 정신과도 상통하는 면이 있다. 영화 〈죽은 시인의 사회〉에서 키팅 선생님이 학생들에게 한 말이다. "카르페 디엠! 오늘을 잡아라. 오늘을 살아라. 우리는 언젠가 죽는다. 시간이 있을 때 장미의 꽃봉오리를 즐겨라!"라고 말이다.

이는 로마의 시인 호라티우스의 '송가(頌歌)'에 나오는 말이다. "이 세상이 끝나는 날, 신이 우리를 위해 / 무얼 준비해뒀는지 물으려 하지 마라 / 우리는 알 수도 없다 / (…) / 짧기만 한 인생에서 먼 희망은 접어라 / 우리가 이렇게 말하고 있는 동안에도 / 시간은 우리를 시샘하며 흘러가 버리니 / 내일은 믿지 마라 / 카르페 디엠, 오늘을 즐겨라!"

사실 '카르페 디엠'이 유행한 것은 중세 유럽의 흑사병의 창궐에서 유래한다. 오늘 죽을지 내일 죽을지 모르는 사람들은 '하루하루를 의미 있게 보내자'는 뜻으로 이런 인사말을 건넸다고 한다. 그런데 지금 우리 사회에서 다시 이 말이 공감을 얻는 것은 무한경쟁 시대에 미래에 대한 희망을 접은 젊은 청춘 세대의 절망과 분노가 투영된 것이라고 생각한다. 아무리 노력해도 안 되는 현실에서 그들은 자기만의 방식으로 저항하고 길을 찾아가는 것이다.

그럼에도 불구하고 삶은 의미 있고 감사해야 할 크나큰 선물이자 축복과도 같은 것이라고 믿는다. 무엇을, 어떻게, 어떤 마음으로 살아가느냐에 따라서 각자의 삶은 달라지게 마련이다. 아르헨티나의 국민 여가수인 메르세데스 소사는 굴곡 많은 파란만장한 삶을 살았지만, 그럼에도 삶에 감사하고 싶다고 노래했다. 그녀가 부른 불후의 명곡 〈그라시아스 아 라 비다(Gracias A La Vida)〉라는 노래를 들으면 나 또한 삶에 감사하고픈 마음이다.

흔히 인생을 가리켜 'BCD'라고 한다. 태어남(Birth)

과 죽음(Death) 사이에서 끊임없이 선택(Choice)을 하는 것이 바로 인생이라는 말이다. 나는 인생이 '3C'라고 생각한다. 인생은 선택(Choice)하고, 도전하며(Challenger), 변화(Change)시키는 것이라고 믿는다.

어제는 지나간 히스토리(History)이고, 내일은 알 수가 없는 미스터리(Mystery)이다. 그럼 오늘은 무엇일까? 바로 이 세상에 둘도 없는 선물(Present)이다. 그런 까닭에 현재(Present)와 선물(Present)을 똑같이 쓰는 것이라고 한다. 카르페 디엠! 선물 같은 현재를 맘껏 즐겨라!

모든 순간이 꽃봉오리인 것을

밥이 곧 법(法)이고
부처입니다

언젠가 중국선종사찰 순례를 갔다가 오조사(五祖寺)
에서 점심 공양을 하게 되었다. 그때 공양간 입구에
걸린 당대 이신(李紳)의 〈농민을 가엽게 여겨(憫農)〉라
는 시구가 가슴에 와 닿는다.

"벼를 심는데 한낮인지라 땀방울이 벼 위에 떨어
진다. 누가 알리요, 소반 위의 밥 한 그릇이 알알이
모두가 농민의 피땀인 것을!(鋤禾日當午 汗滴禾下生 誰知
盤中飱 粒粒皆辛苦)"이라는 시구이다. 등골이 오싹하는
듯한 준엄하고 서슬 퍼런 경책이 아닐 수 없다.

스님들은 발우공양을 하면서 "이 음식이 어디서

왔는고? 내 덕행으로 받아먹기 부끄럽네. 다만 약으로 알아 몸을 지탱하고자 먹을 뿐, 맛을 탐착치 않을 것이며 공양 받은 은혜 도업(道業)을 이루어 갚으오리다!"라고 서원한다. 그러나 얼마나 이를 실천하면서 간절한 마음으로 공양을 하는지는 모르겠다.

본래 스님들은 거렁뱅이라는 의미로 '걸사(乞士)'라고 불린다. 몸을 움직여 노동을 함으로써 밥을 구하지 않고 신도님들의 보시에 의존한다. 그런데 어느 순간부터 본래 그러한 듯이 이를 당연하게 받아들이곤 한다. 나는 스님이니까 응당 공양 받을 자격이 있다고(應供) 믿는 것이다.

그러나 이 밥 한 그릇이 얼마나 무서운지 모른다. 마침내 죽어 염라대왕 앞에 가서는 어찌 밥값을 계산할는지 생각해보아야 한다. 만약 이를 못 갚으면 세세생생 신도 집의 소로 태어나서라도 반드시 갚아야만 하는 것이다. 어찌 허투루 생각하고 당연한 듯이 먹을 수 있겠는가!

박노해 시인은 〈구도자의 밥〉이란 시에서 "그가 밥을 구하러 가네 / 빈 그릇 하나 들고 / 한 집 / 두 집 / 세 집 / 밥을 얻으러 가네 / 일곱 집을 돌아도

모든 순간이 꽃봉오리인 것을

鋤禾日当午
汗滴禾下土
谁知盘中餐
粒粒皆辛苦

벼를 심는데 한낮인지라
땀방울이 벼 위에 떨어지네.
소반 위의 밥 한 그릇이
알알이 모두가 농부의 피땀인 것을.

— 당대(唐代) 이신의 《민농》 중에서

/ 밥 그릇이 절반도 차지 않을 때 / 그 사람 / 여덟 번째 집에 가지 않고 / 발걸음을 돌리네 / 일곱 집이나 돌았어도 / 음식이 부족하다면 / 그만큼 인민들이 먹고살기 어렵기에 / 그 사람 / 더 이상 밥을 비는 일을 멈추고 / 나무 아래 홀로 앉아 반 그릇 밥을 꼭꼭 / 눈물로 씹으며 인민의 배고픔을 느끼네"라고 노래했다.

나는 이 시에서 구도자인 그가 바로 부처님이자 우리 자신이라고 생각한다. 실제 부처님께서는 몸소 탁발을 나가 밥을 빌어다가 공양을 잡수셨다. 그리고 발우를 닦고는 자리를 깔고 정좌한 채, 비로소 법을 설하시는 장면이 《금강경》 첫 장면에 나온다. 누군가는 법을 설하시기 전에 그 행동으로 이미 법을 설해 마쳤다고도 말한다. 직접 탁발을 나갔다가 돌아와 밥을 먹고 발우를 씻고 자리에 앉는 것만큼 여실한 법이 또 어디 있겠는가!

그런 의미에서 밥이 곧 법이요, 밥이 곧 부처가 아닐까 생각한다. 지난해 티베트 카일라스 수미산 순례를 가는 길에 어느 동네에서 본 식당이 생각난다. 그 식당 이름은 바로 밥이 곧 하늘이라는 의미의 '식위천(食爲天)'이었다. 우리 동학(東學)의 가르침 또한 밥이 곧 하늘이자, 사람이 곧 하늘이라는 인내천(人乃天) 사상이다. 밥이 곧 부처이고 법(진리)이며 하늘이다!

금아 피천득 선생님의 수필 중에 딸 서영이에게 편지로 일러준 말이 있다. "천천히 말하고, 천천히 먹고, 천천히 걸어라!" 아무것도 아닌 듯하지만 실로 의미심장한 말이다. 그렇게 천천히 말하고, 먹고, 걸으면서 살아가는 것이 정말로 잘 사는 것이 아닌가 싶다.

어느 스님의 출판기념회에 간 적이 있다. 그 스님께서 "진리의 법(法)이 자꾸 밥이라고 읽힙니다"라고 하시기에 "저는 밥이 부처로 보입니다!"라고 응수한 적이 있다. 그렇다. 한 그릇의 밥이 곧 부처이고 진리(法)가 아니겠는가! 오늘도 난 그 부처이자 진리인 밥을 눈물로 곱씹으며 살아간다.

티베트 소녀, 케샹의 눈물

2005년 가을, 당시 총무원장이시던 법장(法長) 은사 스님께서 입적하셨다. 생명나눔실천본부 이사장으로 사후 시신 기증 약속에 따라 동국대 일산병원으로 법구를 떠나보내며 참 많이도 서럽게 흐느꼈다. 영결식 날 조계사 마당 위 하늘에는 홀연히 해무리가 장엄하게 나투었고, 그 안에서 마치 부처님께서 하늘로 오르는 듯한 신이한 이적이 있었다.

다음 해 하안거 정진을 마치고 우봉 스님과 함께 스님 1주기를 맞이해 티베트 히말라야로 향했다. 입적하시기 전에 서울대병원에서 뵐 적에 환한 얼굴로 "심장 수술이 잘 되면 히말라야나 함께 보러 가자꾸나!"라고 하신 말씀이 자꾸만 생각나서이다. 그곳에 가서 스님 가사와 옷가지라도 불사르고는 스님의 영혼과 자취를 느껴보고 싶었음이라.

티베트 라싸에 들어가 우여곡절 끝에 일제 도요타 지프차를 대절해 히말라야 에베레스트 베이스캠프(EBC)로 향했다. 티베트 제2의 도시인 시가체를 거쳐 에베레스트 베이스캠프 입구에 도착해 다시 마차를 타고 올라야 한다. 그곳에는 닝마파의 작은 곰파(사원)가 있고 조그만 언덕의 전망대에 오르면 눈 덮인 에베레스트의 장관이 한눈에 펼쳐진다.

해발 8,844m의, 세계에서 가장 높은 초모랑마(珠穆郎瑪) 앞에 서면 그 장엄하고 신비함에 그저 침묵한 채 찬탄과 경외를 바칠 따름이다. 그 순간 우리 스님께서 이곳의 허공과 바람으로 항상하는 듯한 마음이었다. "진광 왔능가? 잘 살아가소!"라며 빙그레 미소 짓고 계시는 듯하였다.

그곳을 떠나 히말라야 아래 팅그리라는 마을에서 하룻밤 묵어가기로 하였다. 해 질 녘 동네 어귀의 언덕에 올라 석양이 질 무렵 스님의 가사와 옷가지

등을 불살라드렸다. 서서히 붉게 물들어가는 하늘빛처럼 내 마음도 함께 그리움과 서러움으로 물들어가는 듯했다. 그렇게 스님을 떠나보내고 히말라야와 함께 내 마음속에 간직한 채 뒤돌아 언덕을 내려왔다.

우리가 묵은 팅그리 마을의 숙소에는 주인 부부와 삼남매가 있었다. 그중 눈동자가 맑고 미소가 예쁜 막내 딸내미가 유독 눈에 들어왔다. 어쩐 일인지 그 아이에게민 힘든 물 긷기와 장작불 때기 등을 시키는지라 안쓰럽고 짠하기만 했다. 안타까운 나머지 내가 더러 챙기며 정을 주었더니 더 괴롭히는 듯도 했다. 마치 콩쥐나 신데렐라를 보는 듯했다. 그래서 이름이 케샹인 그 아이를 내 티베트 딸내미로 삼기로 했는데, 이는 우리 스님께서 만들어준 인연이라고 생각했기 때문이다.

다음 날 아침이 되어 네팔의 국경 도시인 장무로 떠날 시간이 되었다. 그런데 우리 케샹이 처마 아래 우두커니 선 채 우리를 하염없이 바라보며 눈물을 흘리고 있는 것이 아닌가. 그 암드록초 호수를 닮은 맑고 영롱한 눈동자에서 눈물이 하염없이 흘러내려 내 마음을 적시었다. 얼마나 마음이 아프고 짠

하던지 배낭에 넣어서라도 한국으로 데려가고 싶을 정도였다. 이곳을 벗어나 한국에서 잘 먹이고 가르쳐 훌륭하고 아름다운 숙녀로 만들고 싶었다. 그러나 도저히 그럴 수는 없는 노릇이니 더욱 마음이 아팠다.

그 순간 지프차에서 뛰어 내려가 케샹을 꼭 안은 채 한참을 함께 울었다. 그러면서 케샹이 건강하고 행복하게 자라기를, 훌륭한 숙녀가 되어 좋은 사람에게 시집갈 수 있기를, 삶이 평안하고 복되기를 마음속으로 빌고 또 빌었다. 그제야 케샹은 조금 진정이 되는지 엷은 미소와 함께 "차시달레!(안녕!)" 하고 작별인사를 건넨다. 그 순간 케샹의 모든 것은 내 마음속에 영원히 잊히지 않는 의미로 각인되었다.

그렇게 도저히 떨어지지 않는 발걸음을 뒤로한 채 그곳을 떠나왔다. 우리 차가 보이지 않을 때까지 하염없이 두 손을 흔들던 케샹을 바라다보며 속울음을 지으며 서원했다. 꼭 다시 돌아와 케샹을 만나리라고, 최소한 결혼식에는 참석해 축하를 전하리라고 말이다. 히말라야의 허공과 바람으로 항상하시는 우리 스님께도 "당신 손녀 딸내미이니 곁에서 잘 보살펴주세요!"라고 부탁 말씀을 올렸음은 물론이다.

이제 벌써 우리 케샹은 이팔청춘의 아름다운 숙녀가 다 되었을 게다. 지금은 내 얼굴은 커녕 그때의 일도 잘 기억하지 못할 게다. 그래도 꼭 한 번 우리 케샹을 보러 초모랑마 아래의 팅그리 마을로 찾아가고 싶다. 초모랑마의 허공과 바람인 우리 스님께 인사 드리고는 멀리서라도 한 번 케샹을 바라보고 싶다. 히말라야의 설련화를 닮은 케샹의 환한 미소를 한 빈 더 보고 싶다! 아, 그럴 수만 있다면 얼마나 고맙고 감사하고 행복한 일이겠는가!

사슴의 울음소리 가없어라
(鹿鳴無盡)

지난해 삼청동 한 갤러리에서 한얼 이종선 선생님의 서예전이 있었다. 그곳에서 한 작품이 눈길을 끌었다. 사슴의 울음소리라는 의미의 '녹명(鹿鳴)'이라는 글귀 아래 "사슴은 먹이를 발견하면 동료를 부르기 위해 운다. 세상에서 가장 아름다운 사슴의 그 울음소리"라는 글이다.

마침 국제구호와 노숙자 돕기를 하는 탄경 스님과 함께 갔는지라 그 스님에게 딱 맞는 글귀 같았다. 그래서 그 마음을 잊지 말라는 의미로 그의 별호로 쓰게 하였다. 지금 그 글씨는 스님의 '다나(다

鹿鳴
먹이를 발견하면
동료를 불러 가기 위
문다. 세상에서 가장
아름다운 그 울음소리.
늘 북녘의 그 때.

녹명무진(鹿鳴無盡).

사슴의 울음소리 가없어라!

"사슴은 먹이를 발견하면 동료를 부르기 위해 운다.

세상에서 가장 아름다운 그 울음소리."

함께 나누는 세상)' 사무실 벽에 걸려 있다. 그리고 그 스님의 '사슴 울음소리'가 들려오면 나도 따라서 울면서 함께한다. 먹을 것을 함께 나누는 그 마음이 더없이 좋기 때문이다.

지금도 새벽 3시경이면 어김없이 노숙자들에게 먹일 음식을 잔뜩 들고서 두루마기 자락을 휘날리며 나가는 뒷모습이 성스럽고 아름답기만 하다. 그의 몸과 마음에서는 언제나 사슴의 눈동자가 보이고, 사슴의 울음소리가 들려오는 것만 같다. 그의 그 아름다운 사슴의 울음소리(鹿鳴)가 끝없이 이어지기를 바라 마지않는다.

나는 다른 작품을 골라 내 사무실 벽에 걸어놓았다. 《벽암록》에 나오는, 온 몸으로 가을바람을 맞아 잎이 떨어지고 나무가 그 몸통을 온전히 드러낸다는 '체로금풍(體露金風)'이란 글귀이다. 그 옆에 한글로 "지금은 떠나야 할 때. 모두 벗어버리고 서릿바람 앞에 서자. 내년 봄의 꽃을 위하여!"라고 쓰여 있다.

마침 '버림'과 '떠남'을 생각하던 때라 가슴에 꼭 들어맞는 글귀였다. 그럼에도 불구하고 떠나지 못한 채, 그러나 다시 길 위에 선 채 자유로운 영혼이기를 서원하며 마음을 다잡았다. 그날이 되면 이형기 시인의 〈낙화〉 시구처럼, 잉게보르크 바흐만의 〈누구든 떠날 때면〉이란 시를 읊조리며 떠나갈 것이다.

추사 김정희 선생이 제주에 유배되었을 적에 그린 것이 바로 〈세한도(歲寒圖)〉라는 그림이다. 눈 내린 벌판에 작은 집과 앙상한 나무만이 자리하는 그림에는 다음과 같은 화제(畫題)가 실려 있다. "《논어》에서 공자님이 이르시길, 날씨가 혹독하고 추운 엄동설한이 되고 난 후에야 비로소 소나무와 잣나무의 눈 푸른 잎새가 시들지 않음을 알게 된다(歲寒然後知松柏之後凋也)"라는 내용이다. 이는 내 삶과 수행에 있어 경책과 지침이 될 만한 죽비와도 같은 말씀이다.

조선조의 학자인 신흠(申欽) 선생은 "오동나무는 천년을 늙어도 항상 그 안에 제 곡조를 감추고 있고, 매화는 일생 동안을 추위 속에서 지낼지라도 제 향기를 함부로 팔지 않는다.(桐千年老恒藏曲 梅一生寒不賣香)"라고 말했다. 오동나무와 매화같이 무정물도 그러할진대, 어찌 만물의 영장인 사람으로서 다른 마음을 먹을 수 있겠는가!

안도현 시인은 시 〈너에게 묻는다〉에서 "연탄재 함부로 발로 차지 마라 / 너는 누구에게 한 번이라도 / 뜨거운 사랑이었느냐"라고 우리에게 묻는다. 그럼 당신은 무어라 답할지 생각해볼 일이다.

다시 안도현 님의 〈연탄 한 장〉이란 시에 그 해답이 있다.

"또 다른 말도 많고 많지만 / 삶이란 / 나 아닌 그 누구에게 / 기꺼이 연탄 한 장이 되는 것 // (…) // 온몸으로 사랑하고 나면 / 한 덩이 재로 쓸쓸하게 남는 게 두려워 / 여태껏 나는 그 누구에게 연탄 한 장도 되지 못하였네 // 생각하면 / 삶이란 / 나를 산산이 으깨는 일 / 눈 내려 세상이 미끄러운 이른 아침에 / 나 아닌 그 누가 마음놓고 걸어갈 / 그 길을 만들 줄도 몰랐네, 나는"

우리 모두가 누군가를 위해 눈 내린 새벽길을 쓸고, 그 위에 뿌려지는 연탄 한 장이 될 수 있다면 조금은 맑고 향기로운 살맛 나는 세상이 되지 않을까 생각해본다. 이 또한 다른 의미의 사슴 울음소리(鹿鳴)가 아닐 수 없다.

사슴이 먹이를 발견하면 동료들을 부르기 위해

울음을 울듯이, 우리 삶도 이웃을 위해 밥과 사랑을 나누는 눈물 한 방울 보태는 삶이기를 바란다. 이렇 듯 아름다운 사슴의 울음소리 가없기를 바라 마지 않는다.

자기 안에 '자비'와 '친절'의
사원을 세웁시다!

달라이라마가 영국 신학대학원에서 행한 성경강해
를 모은 《선한 마음》이라는 책에 나오는 이야기다.
옛날 한 노스님이 어린 동자승과 함께 살고 있었다.
어느 날 동자승에게 노스님은 "시간이 되면 소풍이
나 한번 가자꾸나!"라고 말씀하셨다. 그러나 시간이
바빠 약속을 미룬 채 못 지키고 있었다. 어느 날 한
마을을 지나는데 마침 장례 행렬을 보게 되었다. 노
스님이 "저게 무엇을 하는 거니?"라고 물으시니, 동
자승이 "지금 누군가 하늘나라로 소풍을 가고 있어
요!"라고 대답했다는 것이다.

뭔가 해야 할 일을 못하고 차일피일 미루다 보면, 이승에서의 즐거운 소풍이 아니라 저승으로 소풍을 가게 된다는 말이다. 지금 사람들은 뭐가 그리 바쁘고 짬이 안 나는지 모르겠다. 그러면서 돈을 많이 벌고 나면, 시간이 나거나 여유가 생기면 그때 가서 하겠노라고 말한다. 그러나 그런 날이 언제 온단 말인가. 그때가 와도 여전히 다른 일로 바쁘고 시간이 없다고 말한다. 지금, 여기에서 행복하게 살아가기를 실천해야만 한다.

매년 연말이 되어 크리스마스가 다가오면 조계사 앞에는 예쁜 성탄 트리의 불을 밝히는 점등식이 열린다. 가톨릭 신부님과 기독교 목사님이 스님들과 함께 성탄을 축하하는 모습은 성스럽고 아름답기만 하다. 조계사 어린이 합창단의 신나는 캐럴송도 분위기를 돋우기에 충분하다.

다종교 사회인 대한민국에서 종교간의 소통와 화합은 무엇보다 중요하다. 이런 모습은 김수환 추기경님이 부처님오신날에 길상사 법회에 참석하고, 성탄 미사에 법정 스님이 참석해 강론을 하면서 아름다운 전통으로 이어졌다. 지금도 많은 곳에서 불교와 가톨릭의 상호 방문과 성탄 축하가 이루어지고 있다. 마치 오늘날의 '호계삼소(虎溪三笑)'의 현장을 다시 보는 듯하다.

진리는 하나다. 다만 그곳에 이르는 길이 서로 다를 뿐이다. '틀림'이 아니라 '다름'이니, 차이를 인정하면 차별은 없는 것이다. 사랑과 자비 그리고 어짊(仁)에 무슨 다름과 차별이 있겠는가, 그러니 달을 가리키는 손가락(指月之指)이 아니라, 달을 바로 보아야 할 것이다.

달이 일천 강에 비추어 자연에 따라서 그 모양이 조금 다를지라도, 궁극에는 모두가 달의 모습일 따름이다. 달은 그대로인데 날이 감에 따라서 초승달과 반달, 혹은 보름달로 보일 뿐이다. 비유컨대 백천의 물줄기가 모여 강을 이루고 마침내 바다에 이르는 것과 같다. 이미 바다에 이르면 백천의 강은 없어지고 바다라는 한 맛이 되는 것과 같은 이치이다. 여기에 무슨 차별과 다름이 있겠는가, 여기에 무슨 반목과 다툼이 있을 수 있겠는가!

《화엄경》에 이르기를, "마음과 부처 그리고 중생에 이르기까지 이 세 가지가 차별이 없느니라(心佛

及衆生 三無差別"라고 하였다. 그렇듯이 불교와 가톨릭, 기독교에 이르기까지 이 세 종교 또한 궁극적 진리의 측면에서는 차별이 없다고 생각한다. 차이는 인정하지만 차별에는 단호히 맞서야 한다. 그래야 종교가 사회의 빛과 소금, 목탁 구실을 할 수가 있다.

달라이라마께서는 "자기 안에 자비와 친절의 사원을 지읍시다!"라고 말씀하셨다. 프란치스코 교황께서는 사랑과 용서, 그리고 고통 받고 힘겨운 자를 향한 나눔과 섬김을 말씀하셨다. 이것이 바로 복된 말씀이자 진리의 사자후이다. '자비'와 '친절'이야말로 이 시대의 종교이길 바라는 것은 그 때문이다.

인도의 지성 라다 크리슈난은 "휴머니티에 대한 서비스, 이것이야말로 가장 진실한 종교적 표현이다"라고 말했다. 우리 안에 자비와 친절의 사원을 짓고, 이를 다른 이와 더불어 함께하는 나날이기를 소망해본다.

민달팽이를 보는 한 방식

김선우 시인의 시집 《녹턴》에 나오는 〈민달팽이를 보는 한 방식〉이란 시를 읊조려본다. 이 시를 볼 때마다 내가 출가 수행자임을, 내 가슴을 죽비로 내리치는 그런 느낌이 든다.

"가출이 아닌 출가이길 바란다 / 떠나온 집이 어딘가 있고 언제든 거기로 돌아갈 수 있는 자가 아니라 // 돌아갈 집이 없이 / 돌아갈 어디도 없이 / 돌아간다는 말을 생의 사전에서 지워버린 / 집을 버린 자가 되기를 바란다 / 매일의 온몸만이 집이며 길인, // 그런 자유를…… // 바란다, 나여."

여기 민달팽이 한 마리가 대지에 배를 대고는 움직이고 있다. 그가 움직이는 까닭에 지구가 돌고 온 우주가 조화롭고 행복하기만 하다. 나도 그런 민달팽이처럼 온몸이 집이고 길인 그런 수행자의 삶을 꿈꾼다. 정녕 나는 그렇게 살고 있는가 묻지 않을 수 없다. 몸만이 아니라 마음까지 온전히 출가를 하였는지 매 순간 마음을 챙기는 것이다.

스님들은 출가할 적에 우팔리 존자의 게송을 가슴에 새긴다. "신심으로써 욕락을 버리고 일찍 발심하여 출가한 자는, 영원한 것과 영원하지 않은 것을 똑똑히 분간하면서 가야 할 길만을 고고(孤高)하게 갈지어다." 그대 그렇게 살아가고 있는가? 그렇지 못하다면 초심으로 돌아가 다시 시작해야만 한다.

젊은 날에 세상을 유력할 때마다 나는 빅토르 위고의 《황금률》 중에 나오는 구절을 생각했다. "고향을 감미롭게 생각하는 사람은 아직 허약한 미숙아이다. 모든 곳을 고향으로 느끼는 사람은 이미 상당한 힘을 갖춘 사람이다. 그러나 전 세계를 타향이라고 느끼는 사람이야말로 완벽한 인간이다." 그렇다. 전 세계를 타향으로 느끼는 사람만이 완벽한 인간

민달팽이를 보는 한 방식

가출이 아닌 출가이길 바란다.
떠나온 집이 어딘가 있고 언제든 거기로 돌아갈 수 있는 자가 아니라

돌아갈 집이 없이
돌아갈 어디도 없이
돌아간다는 말을 생의 사전에서 지워버린
집을 버린 자가 되기를 바란다.
매일의 온몸만이 집이며 길인,

그런 자유를……

바란다, 너여

— 김선우 詩

이자 수행자가 아닌가 생각한다.

그리스의 대문호인 니코스 카잔차키스의 무덤을 찾아 그리스 크레타섬에 간 적이 있다. 에게해가 바라다보이는 언덕 위에 나무 십자가가 서 있는 그의 무덤 아래에는 그의 묘지명이 새겨져 있다. "나는 아무것도 바라지 않는다 / 나는 아무것도 두려워하지 않는다 / 나는 자유다(I hope for nothing/ I fear nothing/ I am free)." 이 얼마나 당당하고 자유로운 영혼의 외침인가, 그런 까닭에 나는 '자유'보다 더 소중한 가치를 아직 알지 못한다.

그 대표적인 인물이 바로 그의 소설 《그리스인 조르바》에 나오는 실존 인물인 조르바라는 사람이다. 나는 조르바가 바로 위대한 선지식이자, 올곧은 수좌와 같다는 생각을 한다. 조르바처럼, 니코스 카잔차키스처럼 자유로운 영혼으로 후회 없이 살아갈 일이다. 매 순간이 생의 처음인 것처럼, 오늘이 생의 마지막인 것처럼 그렇게 살아가라.

임제의현 선사는 "가는 곳마다 주인공의 삶을 살아간다면, 그 사람이 서 있는 그 자리가 바로 진리의 땅이다(隨處作主 立處皆眞)"라고 말했다. 또한 "즉,

이 현재와 지금이 있을 뿐이지, 다른 시절이 있는 것이 아니다(即時現今 更無時節)"라고도 하였다. 이렇게 살아가는 이가 바로 참 사람이고 무위진인(無位眞人)이다. 한 번뿐인 인생인데 그렇게 멋지고 아름답게 살아갔으면 하는 바람이다.

임제가 소나무를 심는다(臨濟栽松)는 화두가 있다. 어느 날 임제선사가 소나무를 심는데 누군가 "산에 이리 소나무가 많은데 왜 또 소나무를 심는가?"라고 했다. 이에 임제는 "소나무를 심는 것은 첫째는 총림(叢林)을 장엄함이요, 둘째는 후학들에게 모범을 보이기 위함입니다"라고 하였다.

미당 서정주 님의 '침향'이란 시에 나오듯이, 전북 고창의 강물과 바닷물이 만나는 곳에 예로부터 선조들은 참나무를 담궈 침향(沈香)을 만들었다. 그런데 당대나 손주대가 아닌, 몇 백 년 혹은 천 년 뒤를 생각해서 이렇게 한 것이다. 제주도 바닷가의 해녀는 바닷속의 아주 실하고 좋은 것은 임을 위해 캐지 않고 남겨둔다고 한다. 우리도 그런 마음으로 살아감이 옳지 않겠는가!

서산휴정의 선시에서 "지금 걸어가는 우리의 발

자국이 뒤에 오는 이의 이정표가 되리니!(今日我行跡
遂作後人程)"라고 했다. 공자님도 《논어》에서 무릇 선
비는 그 뜻이 넓고 굳세야 하나니, "그 임무는 무
겁고, 가야 할 길이 멀기 때문이다(任重道遠)"라고 하
였다. 그러니 어찌 함부로 난삽하게 걸어갈 것이며,
어찌 삼가 조심하고 삼가지 않을 수 있겠는가! 부디
길과 원수 맺지 말고 그르쳐 가지 말아야 할 것이다.

모든 순간이 꽃봉오리인 것을

모든 순간이 다
꽃봉오리인 것을!

박제영 시인의 시 〈사는 게 참 꽃 같아야〉를 읊조려 본다. "며느리도 봤응게 욕 좀 그만해야 / 정히 거시기해불면 거시기 대신에 꽃을 써야 / 그까짓 거 뭐 어렵다고, 그랴그랴 / 아침 묵다 말고 마누라와 약속을 했잖여 // 이런 꽃 같은! / 이런 꽃나! / 꽃 까! / 꽃 꽃 꽃 / 반나절도 안 돼서 뭔 꽃들이 그리도 피는지 // 봐야 / 사는 게 참 꽃 같아야"라는 시다.

　중국의 소설가 위화(余華)는 그의 소설《인생(活着)》에서 "살아간다는 것은 무거운 등짐을 진 채, 머나

먼 길을 걸어가는 것이다"라고 말했다. 이런 우리네 험난한 고해의 바다와도 같은 인생길에 짜증을 내고 심술을 내어서 무엇하겠는가, 피할 수 없으면 즐기는 것도 한 방법일 것이다. 개똥밭에 굴러도 이승이 낫다고 하지 않던가. 다만 감내하고(耐), 참으며(忍), 기다리다(待) 보면 언젠가는 쨍하고 해 뜰 날이 오지 않겠는가! 그런 순간들의 합(合)이 바로 인생이 아닌가 생각한다.

조선조의 시인 신흠(申欽)은 〈무제(無題)〉라는 시에서 "오동나무는 천년이 되어도 항상 제 곡조를 간직하고 / 매화는 일생을 춥게 살아도 향기를 팔지 않네 / 달은 천 번을 이지러져도 본질이 남아 있고 / 버드나무는 백 번을 꺾여도 새 가지가 올라오네"라고 읊었다. 이런 마음이라면 가히 군자라 이름할 수가 있을 것이다. 오동나무와 매화 그리고 달과 버드나무도 능히 이러하거늘, 하물며 만물의 영장인 사람이야 더 말해 무엇하겠는가 싶다.

퇴계 이황 선생은 생전에 매화시를 97수나 남겼고, 도산서원에 칩거할 당시 서원 안팎으로 매화나무를 심어 매화가 피는 시절이면 밤이 새도록 매화에 심취했다고 한다. 죽는 순간에도 "매화에 물을 주어라!"라고 말했다고 한다.

퇴계 이황은 〈도산 달밤에 매화를 읊조리다〉란 시에서 "뜰을 거니는데 달이 사람을 따라오네 / 매화꽃 언저리를 몇 번이나 돌았던고 / 밤 깊도록 오래 앉아 일어나길 잊었더니 / 매화 향기는 옷에 가득하고 달그림자는 몸에 가득하네"라고 읊었다. 언젠가 도산서원을 찾아가서는 달 밝은 날에 퇴계 선생과 함께 밤새워 매화 구경이라도 해야겠다.

정현종 시인은 〈모든 순간이 꽃봉오리인 것을〉이란 시에서 "(…) 더 열심히 파고들고 / 더 열심히 말을 걸고 / 더 열심히 귀 기울이고 / 더 열심히 사랑할걸 // 반벙어리처럼 / 귀머거리처럼 / 보내지는 않았는가 / 우두커니처럼…… / 더 열심히 그 순간을 / 사랑할 것을 // 모든 순간이 다아 / 꽃봉오리인 것을 / 내 열심에 따라 피어날 / 꽃봉오리인 것을!"이라고 읊었다. 그렇다, 너와 나, 우리 모두는 저마다 아름다운 한 송이 꽃봉오리가 아닌가 싶다.

우리는 모두 지금 내 앞에 있는 보물을 알아볼 줄 모르고 귀한 줄 모르는 '반벙어리'이고 '귀머거리'이고 '우두커니'이다. 먼 훗날 또다시 후회하지 않기 위해서 우리는 더 열심히 말을 걸고, 더 열심히 귀 기울이고, 더 열심히 사랑해야만 한다.

N. H 클라인바움이 지은 《죽은 시인의 사회》에서 키팅 선생은 학교를 떠나면서 학생들에게 "카르페 디엠(Carpe Diem)"이라고 외친다. 이는 라틴어로 '지금 살고 있는 현재 이 순간에 충실하라'는 뜻이다. 지금 이 순간을 붙잡을 것! 이 순간의 모든 것이 나의 열심에 의해 피어날 꽃봉오리인 것이다.

성서에서 내가 가장 좋아하는 것이 "범사(凡事)에 감사하라!"라는 말이다. 작은 순간의 합(合)이 곧 찬란한 꽃봉오리로 피어나는 것이다. 매 순간 일상에 감사하는 이는 그대로 꽃봉오리가 아닐까 생각한다.

메멘토 모리(Memento Mori)
– 그대 죽음을 기억하라!

내 집무실 벽에는 법정 큰스님의 다비 사진이 걸려 있다. 관 위에 오직 '비구 법정(比丘 法頂)'이라고만 쓰고 평소 수하시던 가사만을 얹은 모습이 지금도 생생하기만 하다. '무소유(無所有)'와 '청빈(淸貧)'을 말씀하시더니 그 마지막 모습조차 수행자답게 맑고 향기롭기만 하다.

사진 밑에 라틴어로 '죽음을 기억하라'는 뜻의 '모멘토 모리(Memento Mori)'라는 글을 써보았다. 그러고는 "눈빛이 땅에 떨어질 적에 무엇이 그대의 본래면목인고?(眼光落地時 如何是 本來面目)"라고 써놓은 채 수행의 경책을 삼아본다. 이는 수행자는 물론이거니와 모든 이에게 한 번쯤 생각해볼 문제이다.

로마시대 전쟁에서 승리한 장군이 성대한 개선행진을 할 때면 바로 뒤에 노예 한 명을 세워놓았다고 한다. 그의 임무는 장군에게 계속해서 "당신도 죽는다는 것을 기억하라!"라는 말과, "당신도 한낱 인간임을 기억하라!"는 말을 상기시키는 일이다. 그러니 너무 우쭐대지 말고 겸손하라는 의미이다. 이는 죽음에 대한 경고임과 동시에 삶을 보다 선한 방향으로 이끌어 가고자 했던 고대인들의 마음 자세를 보여준다.

이슬람 지역에서는 집을 지을 적에 일부러 어딘가 한 곳의 벽돌을 빼고 짓거나, 일부러 허술하게 짓는다고 한다. 이는 인간이 하는 일이란 완전할 수 없음을 상징적으로 보여준다. 그들이 자주 관용구처럼 말하는 "인샬라!(Inch'Allah : 신의 뜻대로 이루어지길!)"와 같은 의미일 것이다.

우리는 마치 저만 홀로 죽지 않는다는 듯한 얼굴로 산다. 그러나 미안스럽게도 사람은 반드시 죽기 마련이다. 살아 있는 것은 죽기 마련이고, 만난 것

모든 순간이 꽃봉오리인 것을

은 헤어지기 마련(生者必滅 會者定離)이다. 그것을 직시
한다면 삶이 훨씬 풍요롭고 아름다우리라.

몇 해 전에 세상을 떠난 애플의 CEO 스티브 잡
스는 마지막 순간에 이렇게 말했다. "여전히 죽음은
우리 모두의 숙명입니다. 아무도 피할 수 없습니다.
그리고 그래야만 합니다. 죽음은 삶을 대신해 변화
를 만듭니다"라고 말이다. 어느 유명한 선사의 임종
게보다 더 감동적이고 아름다운 고별사가 아닐 수
없다. 그가 아이폰으로 세상을 변화시킨 것보다 짐
짓 이 말이 더 위대하다고 생각한다.

나는 이 세상 소풍 끝나는 날에 하늘로 돌아가
"진정 행복했노라!"고 말할 수 있겠는가? 허허로이
미소 지으며 편안히 눈을 감을 수 있을는지 모르겠
다. 그럴 자신이 없다면 지금부터라도 새로운 마음
과 행동으로 다시 시작해야만 한다. 나는 가끔 홀로
앉아 나만의 유서를 써보거나, 죽기 전에 하고픈 일
을 적는 '버킷 리스트'를 만들어보곤 한다. 삶과 죽
음에 대해 다시 한 번 생각하고 마음의 준비를 하는
계기가 되기 때문이다.

죽음을 기억하는 것은 삶을 더욱 치열하고 아름

무상이 신속하고 생사의 일이 크다.
당신도 한낱 인간일 뿐이고
언젠가 죽는다는 것을 기억하리.
메멘토 모리, 죽음을 기억하라!

이 세상이 끝나는 날, 신이 우리를 위해
무얼 준비해뒀는지 물으려 하지 마라.
우리는 알 수도 없다.
……

짧기만 한 인생에서 먼 희망은 접어라.
우리가 이렇게 말하고 있는 동안에도
시간은 우리를 시샘하며 흘러가 버리니
내일을 믿지 마라.
카르페 디엠, 오늘을 즐겨라!
— 호라티우스, 〈송가〉 중에서

답게 하기 위함이다. 그런 의미에서 독일 철학자 프리드리히 니체는 '아모르파티(Amor Fati)'를 주장했다. 이는 운명애(運命愛), 곧 자신의 운명을 받아들이고 그러한 운명까지도 사랑하는 사람이 되라는 말이다. 요즘에 이연자라는 가수가 '아모르파티'라는 노래로 제2의 전성기를 맞고 있는 것도 이런 사회 분위기와 무관치 않을 것이다. 이는 현재를 즐기라는 '카르페 디엠(Carpe Diem)'의 정신과도 일맥상통한다.

요즘 사람들에게 일과 삶의 밸런스를 뜻하는 '워라밸'이나 소소하지만 확실한 행복이라는 '소확행'이 시대의 화두가 된 지 오래이다. '아모르파티'나 '카르페 디엠'도 그런 의미가 아닌가 생각한다. 선가에서는 "무상의 일이 신속하고 생사의 일이 크다(無常迅速 生死事大)"라고 하였다. 영국의 극작가 오스카 와일드는 자신의 묘비에 "우물쭈물하다가 내 이럴 줄 알았노라!"라고 적었다고 한다. 프랑스의 시인 폴 발레리는 《해변의 묘지》라는 시집에서 "바람이 분다, 살아야 한다!"라고 읊었다. 그래, 살아남아서 내 삶의 의미와 존재 이유를 증명해야만 하리라.

나도 스님
아미(Army)가 되고 싶다

옛날에는 신세대와 '쉰' 세대를 구분하는 방법 중 하나가 HOT나 GOD를 어떻게 읽느냐였다. '핫'이나 '갓'으로 읽으면 이미 한물 간 세대였다. 요즘 방탄소년단(BTS)의 인기가 한국을 넘어 전 세계적으로 확산되고 있다. 비틀스의 미국 상륙에 비견될 정도로 아예 신드롬이라 할 만하다.

나는 이른바 68세대로 포크송과 록 음악의 영향을 많이 받았다. 김광석과 양희은, 혹은 김현식과 유재하의 음악을 좋아하고 즐겨 듣는다. 외국 음악으로는 존 바에스, 밥 딜런, 비틀스, 롤링 스톤스,

아바, 퀸, 너바나, 라디오 헤드, 밥 말리, 나나 무스쿠리 등의 음악을 좋아한다. 또 서태지와 아이들을 비롯해 HOT, SES, GOD, 빅뱅, 소녀시대, 원더걸스, 마마무, 싸이, 엑소, 방탄소년단에 이르기까지 아이돌 그룹의 음악도 즐겨 듣는다.

특히 오랜 해외 배낭여행의 영향으로 포르투갈의 파두 가수인 아밀리아 로드리게스나 탱고의 전설 카를로스 가르텔, 이집트의 국민가수 움 쿨숨, 아르헨티나의 메르세데스 소사, 칠레의 비올레타 파라, 자메이카의 밥 말리, 쿠바의 부에나비스타 소셜 클럽, 그리고 힙합이나 레게 음악도 사랑한다.

사실 방탄소년단의 존재를 내가 알 리 없다. 열일곱 살 먹은 어린 학인이 워낙 좋아하는 팬인지라 우연히 알게 되었다. 그들의 앨범을 사다 달라기에 '아미' 직원에게 부탁해 사다가 선물하는 과정에서 나도 자연스레 좋아하게 되었다. 솔직히 아직도 그 멤버를 다 알지 못하고, 그 빠른 가사를 다 이해하거나 따라 부를 수도 없는 게 사실이다. 그럼에도 그들의 UN 본부 연설을 계기로 방탄소년단의 진가를 알고 진정한 '아미'가 되고 싶어졌다.

"지난날 제가 잘못을 저질렀지만 과거의 나도 여전히 나입니다. 저의 모든 잘못과 실수가 있었기에 지금의 제가 있습니다. 내일부터는 조금 현명해질지 모르죠. 그런 모습 또한 저입니다. 이 잘못과 실수들이 바로 제 자신이며 제 삶의 별자리에서 가장 빛나는 별들을 새기고 있습니다. 저는 지금의 나를, 과거의 나를, 그리고 앞으로 되길 희망하는 나를 사랑하게 되었습니다."

참으로 진솔하고 가슴을 울리는 연설이라고 생각한다. 그들이 사랑받는 이유는 이들이 젊은이들의 마음을 대변하고, 불의한 세상에 제 목소리를 내고, 새로운 세상을 만들려 노력하기 때문일 것이다. 최소한 그들의 노래가 젊은이들의 상처 받은 마음을 치유하고 새로운 꿈과 희망을 주기 때문일 게다.

미국의 유력 잡지 《타임》이 글로벌판 커버스토리로 방탄소년단을 싣고 '차세대 리더'라고 극찬한 이유일 것이다. 미국의 빌보드 메인 앨범 차트인 '빌보드 200'에 연이어 1위를 기록하고, 영국 웸블리 스타디움 공연을 비롯해 전 세계 월드투어를 성황리에 마쳤다. 이런 방탄소년단의 음악을 사랑하고 그들의 열렬한 팬클럽 '아미'가 되고 싶은 것은 어쩌면 자연스러운 현상이 아닐까. 비록 스님일지언정 나 또한 '아미'가 되고 싶은 이유이다.

그들의 유엔 연설은 이렇게 마무리된다.

"그러니 우리 모두 한 걸음 내딛어봅시다. 우리는 우리 자신을 사랑하는 법을 배웠습니다. 이제 여러분 자신의 목소리를 내주시기 바랍니다. 여러분께 묻고 싶습니다. 이름은 무엇입니까? 무엇이 여러분을 들뜨게 하고 심장을 뛰게 합니까? 여러분의 이야기를 들려주세요. 여러분의 목소리가 듣고 싶고 여러분의 신념을 듣고 싶습니다. 여러분이 어떤 사람이든, 어디 출신이든, 피부색과 성정체성에 상관없이 자신의 이야기를 해주세요. 나 자신을 말하면서 이름을 찾고 목소리를 찾아주세요……. 이름이 무엇입니까? 자신의 소리를 내주십시오!"

오매, 단풍 들것네!

온 산하를 오색으로 물들이는 단풍 숲의 향연을 보
노라면 나도 모르게 절로 "오매, 단풍 들것네!" 하고
탄식하게 된다. 김영랑의 시 〈오매, 단풍 들것네!〉에
서 제목을 빌려온 것이다. '오매'든지 '어매'든지 참
다정한 말이다.

　이안 시인은 〈가을〉이란 시에서 "병든 나뭇잎 먼
저 / 더 많은 벌레를 먹인 나뭇잎 먼저 // 아픔이
먼저 / 아픔에게 문병 간다"라고 읊었다. 찬란하게
아름다웠던 단풍잎이 그 소명을 다하고 대지 위에
떨어져 낙엽이 된다. 그것을 "아픔이 먼저 아픔에게

　　　　모든 순간이 꽃봉오리인 것을

문병 간다"라고 표현하다니, 놀랍고 신선하기만 하다.

바이샬리의 유마거사가 병이 들어 앓아누웠단다. 그래서 부처님을 대신해 문병을 보내려는데 그 누구도 나서지 않았다. 모두들 유마거사에게 법담을 하다가 한 방망이씩 얻어맞았기 때문이다. 어쩔 수 없이 지혜제일인 문수사리 보살이 부처님의 명을 받들어 유마거사에게 문병을 가게 되었다. 문수가 유마에게 문병을 하며 "어디가 아프십니까?"라고 물으니, 유마거사는 "중생이 아픈 까닭에 제가 지금 아픕니다. 중생의 병이 나으면 제 병도 나을 것입니다"라고 답했다는 유명한 일화가 떠오른다.

아픈 낙엽이 먼저 더 아픈 낙엽에게 문병 가는 행렬은 그 얼마나 엄숙하고 아름다운 풍경이리오! 이 가을 문수보살이나 지는 낙엽처럼, 나도 힘들고 아파하는 중생들에게 문병이라도 한번 다녀와야 하겠다. 두 손을 꼭 쥔 채로 "괜찮다고, 장하다고, 힘내라고, 이렇게 살아주어서 고맙고, 미안하고, 사랑한다고 꼭 한 번만이라도 말해주고 싶다.

그리고 정녕 잊지 못할 그립고 고마운 이들에게

안도현 시인의 〈가을 엽서〉라는 시를 적어 보내고 싶다. "한 잎 두 잎 나뭇잎이 / 낮은 곳으로 / 자꾸 내려앉습니다 / 세상에 나누어 줄 것이 많다는 듯이 / 나도 그대에게 / 무엇을 좀 나눠주고 싶습니다 // 내가 가진 게 너무 없다 할지라도 / 그대여 / 가을 저녁 한때 / 낙엽이 지거든 물어보십시오 / 사랑은 왜 / 낮은 곳에 있는지를." 그런 사랑의 마음으로 나도 내 스스로를 가장 낮은 곳에 자발적으로 내려놓은 채, 중생들과 더불어 함께하고 싶다.

도종환 시인의 〈단풍 드는 날〉을 읊조려본다. "버려야 할 것이 / 무엇인지를 아는 순간부터 / 나무는 가장 아름답게 불탄다 // 제 삶의 이유였던 것 / 제 몸의 전부였던 것 / 아낌없이 버리기로 결심하면서 / 나무는 생의 절정에 선다 // 방하착(放下着) / 제가 키워온 / 그러나 이제는 무거워진 / 제 몸 하나씩 내려놓으면서 / 가장 황홀한 빛깔로 / 우리도 물이 드는 날." 우리도 단풍 잎새처럼 가장 아름답게 불타는 순간에 저마다의 황홀한 빛깔로 물들어 가야겠다.

그런 후에는 마침내 그 화려한 옷마저 다 벗어버

오매, 단풍 들것네

'오매, 단풍 들것네'
장광에 골 붉은 잎잎 날아오아
누이는 놀란듯이 치어다보며
'오매, 단풍 들것네'

추석이 내일모레 기둘리니
바람이 자지어서 걱정이리
누이의 마음아 나를 보아라
'오매, 단풍 들것네'

— 김영랑 詩

린 채, 벌거숭이로 서릿바람 앞에 서리라. 그리고 겨울의 오랜 추위를 이겨내고는 봄날의 새싹과 싱그러운 꽃봉오리로 다시 태어나리라 다짐해본다.

미당 서정주 시인은 〈추일미음(秋日微吟)〉이란 시에서 "울타릿가 감들은 떫은 물이 들었고 / 맨드라미 촉계는 붉은 물이 들었지만 / 나는 이 가을날 무슨 물이 들었는고"라고 노래했다. 이 가을날에 진정 우리는 무슨 물이 들었는지 살펴볼 일이다. 이것이 우리 삶과 수행의 화두(話頭)가 되었으면 한다. 아니 우리 자신만이 아니라 이웃들에게 어떻게 물들여 나갈지 생각해볼 일이다.

모든 순간이 꽃봉오리인 것을

돈키호테

"로마는 하루아침에 이루어진 것이 아니다"라는 말이 있다. 이는 스페인의 국민 작가인 세르반테스의 명저 《돈키호테》에 나오는 말이다. 세계의 문명과 제국은 하루아침에 만들어진 것이 아니다. 누대에 걸친 민중들의 피땀 어린 열정과 노력의 결과인 것이다.

스페인의 수도 마드리드의 한 광장에는 돈키호테와 세르반테스의 동상이 문화적 자존심처럼 우뚝 서 있다. 소설 《돈키호테》는 시골뜨기 기사인 돈키호테와 우직한 시종인 산초의 좌충우돌 무용담이다.

그러나 이 한 권의 책은 시공을 뛰어넘어 전 인류의 고전이 되었다.

왜 과대망상에다 시대에 뒤떨어진 우스꽝스러운 돈키호테의 이야기가 오늘날까지 인구에 회자하며 고전의 반열에 오를 수 있었는가? "불가능한 꿈을 꾸고, 이루어질 수 없는 사랑을 하고, 견딜 수 없는 고통을 견디며, 가 닿을 수 없는 저 밤하늘의 별을 따자!"라는 문장에서 그 이유를 짐작할 수 있다. 이 위대한 작품을 통해 인류는 꿈과 새로운 희망을 품고, 새로운 길과 진보의 역사를 창조할 수 있었던 것이다.

어느새 천명을 안다(知天命)는 50이 넘은 나이에도 불구하고 나는 여전히 몽상가(夢想家)이자 자유로운 영혼의 방랑자이며 또한 시대와 역사를 바꾸는 혁명가이기를 바란다. 어느 유명 광고의 카피처럼 "나이는 숫자에 불과하다!"라는 말과 "차이는 인정한다, 차별에 반대한다!"는 말을 믿기 때문이다.

영국의 극작가이자 비평가인 조지 버나드 쇼는 "사람들은 이미 존재하는 것들에 대해 '왜?'냐고 묻지만, 나는 아직 존재하지 않는 것들에 대해 '안 될 게 뭐야?'라고 묻는다"라고 말했다. 불가능, 그것은 가능성의 다른 이름일 따름이다. "왜, 안 될 게 뭐야?"라고 묻는 사람들이 세상과 인류를 진보케 하고 창조와 혁신을 이루는 것이다.

90세에 〈천지창조〉라는 명화를 그린 미켈란젤로처럼, 80세에 오페라 〈오텔로〉를 작곡한 베르디처럼, 82세에 대작 《파우스트》를 완성한 괴테처럼, 백한 살에 생애 스물두 번째 개인전을 연 미국 화가 해리 리버만처럼 어느 시대나 어느 장소에도 돈키호테와 같은 수많은 인물들이 존재한다.

백두 살에 마라톤을 완주한 인도의 파우자 싱처럼, 아흔아홉 살에 《약해지지 마》라는 시집을 낸 일본의 시바타 도요처럼, 여든아홉 살에 미국을 걸어서 횡단한 도리스 해덕처럼, 마흔네 살에 링에 복귀해 챔피언 벨트를 되찾은 조지 포먼처럼, 아흔네 살까지 명품 바이올린을 만든 안토니오 스트라디바리처럼, 쉰일곱 살에 첫 저서인 《순수이성비판》을 쓴 임마누엘 칸트처럼, 쉰네 살에 북극점을 정복한 탐험가 아문센처럼 살아가야 한다. 그렇게 꿈 앞에서 영원히 늙지 않는 돈키호테가 되어라. 초인이나 영

불가능한 꿈을 꾸고
이루어질 수없는 사랑을 하고
견딜 수없는 고통을 견디며
가닿을 수없는 저 밤하늘의 별을 따자!

— 미겔 데 세르반테스, 《돈키호테》 중에서

웅을 기다리지 말고 그대가 자신의 삶과 수행의 주인공이 되어야 한다.

돈키호테는 말한다. "과연 누가 미친 것입니까? 장차 이룩할 수 있는 세상을 꿈꾸는 내가 미친 것이오? 아니면 세상을 있는 그대로만 바라보는 사람들이 미친 거요?" 여러분은 이 물음에 어떻게 대답할 것인가?

러시아의 대문호 레프 톨스토이는 어느 서방 기자와 나눈 대담에서 "선생님, 어떤 것이 가장 중요한 순간이며, 누가 제일 소중한 사람인지요?"라는 물음에 "지금, 바로 이 순간이 가장 중요한 순간이고, 지금 내 앞에 앉아 있는 당신이 가장 소중한 사람입니다"라고 대답했다.

인생에서 가장 중요한 순간은 바로 지금, 여기에 있는 이 순간이고, 인생의 절정은 아직 오지 않은 내일일 뿐이다. 마치 지금 처음 보는 것처럼 경탄하고, 오늘이 마지막 순간인 것처럼 그리 살아갈 일이다. 우리 모두 불가능한 꿈을 꾸는 돈키호테처럼 그렇게 살아갔으면 하는 바람이다.

부처님이
다시 오신다면!

곧 부처님오신날이다. 이렇듯 온갖 꽃들이 만발한
아름다운 봄날에 부처님께서 우리 곁으로 오셨으니
실로 찬탄과 환희로 함께할 일이다. 만해 한용운 스
님은 '성탄(聖誕)'이란 시에서 "부처님의 나심은 / 온
누리의 빛이요 / 뭇 삶의 목숨이다 // (…) // 거룩한
부처님 / 나신 날이 왔도다 / 향을 태워 받들고 /
기(旗)를 들어 외치세 // 꽃 머리와 풀 위에 / 부처님
계셔라 / 공양하여 공양(供養)하니 / 산 높고 물 푸르
더라"라고 찬탄했다.

그러나 봄이 와도 봄 같지 않은 이른바 '춘래불

모든 순간이 꽃봉오리인 것을

사춘(春來不似春)'의 마음이다. 중국 우한(武漢)에서 시작된 코로나19 사태가 우리나라를 거쳐 미국·유럽 등 전 세계로 확산되고 있기 때문이다.

급기야 한국불교 1,700여 년 역사상 처음으로 연등회 제등 행렬과 부처님오신날 봉축 법요식이 한 달간 미뤄지는 일이 벌어졌다. 국민과 불자들의 건강과 코로나19 확산을 막는 불가피한 조치이다. 그럼에도 불구하고 봄은 기어이 오고야 말 듯이 부처님께서도 다시 이 땅에 지혜와 자비의 등불로 살아오시리라 믿는다.

가끔 부처님께서 다시금 이 세상에 오신다면 어떤 모습일까 생각해보곤 한다. 어느 영화(브루스 올마이티)에서 보니 하느님이 흑인 청소부의 모습(모건 프리먼 분)으로 나타나 신선한 충격을 받은 일이 있었다. 사실 예수님은 지금의 팔레스타인 지역에서 태어났으니 서구적이라기보다는 까무잡잡한 중동인에 가까웠을 것이다. 지금의 예수님 초상은 서구화되고 이상화된 모습이 아닐까 생각한다. 그러니 예수님이 흑인이든 황인종이든 혹은 남태평양의 원주민 모습일지라도 하등 이상할 것이 없다고 생각한다. 각지에 사는 사람들의 모습을 닮아가는 것이 어쩌면 당연한 것이기 때문이다.

그런 의미에서 나는 부처님이 다시 오신다면 과연 어떤 모습일지 발칙(?)한 상상을 하여본다. 우선 위정자나 재벌 혹은 종교인의 모습은 아닐 거라고 확신한다. 특히 지금의 종단과 종교인의 모습을 본다면 실망한 나머지 그냥 돌아가 버리실 게다. 아니 설사 계시려 해도 그들에 의해 쫓겨나실 게 분명하다. 그런 까닭에 그들의 모습으로는 결코 다시 오지 않으실 것이다.

그럼 대체 어떤 모습으로 오실까? 나는 부처님께서 힘없고 고통 받으며 사회에서 버림받은 가엾은 중생의 모습으로 오시리라 확신한다. 부처님께서 폐지를 줍는 노인분이나 지하철의 노숙자와 맹인 가수, 혹은 장애우나 나병 환자 같은 모습으로 오셨으면 하는 바람이다. 그런 모습으로 한 10년 이상 철저히 그들과 더불어 삶과 수행을 통해 깨달음을 이루고, 새로운 진리와 행복의 소식을 온 인류에게 전했으면 한다. 그래야 하지 않겠는가, 반드시 그래야만 한다.

부처님께서는 아마도 이런 모습으로 오실 게다. 바늘 하나 옷 한 벌로 천촌만락을 떠돌면서 나환자의 피고름을 빨아준 중국 선종 초기의 어느 이름 없는 두타행자 스님들처럼, 삼계교를 창시하고 무진장보를 만들어 가난과 병을 구제한 신행(信行) 스님처럼, 모든 것을 버리고 오직 무소유와 사랑을 실천한 탁발수도회의 프란체스코 성인처럼, 평생을 어렵고 고통 받는 이웃을 위해 온 몸을 던져 사랑과 헌신을 다한 마더 테레사나 이태석 신부처럼 오실 게다.

이슬람의 창시자인 마호메트는 "나는 마흔 살까지는 시장바닥을 떠돌던 이름 없는 사람에 지나지 않았다"라고 말했다. 그런 그가 어느 동굴에서 가브리엘 천사로부터 '꾸란(코란)'을 받고는 "읽어라!"는 말에 자신의 소명을 깨닫는다.

마호메트가 어느 날엔가 사람들에게 "내일 산을 옮겨 보이겠노라!"라고 선언한다. 무수히 많은 사람들이 이적을 보기 위해 모이자 그는 "산이여, 내게로 오라!"고 명한다. 그러나 멀쩡한 산이 다가올 리가 만무한지라 그런 기적은 벌어지지 않고 사람들은 실망과 불신을 보내게 된다. 이때 마호메트는 태연히 그 산을 향해 몸소 천천히 뚜벅뚜벅 걸어갔다고 한다. 산이 내게 오지 않으면 내가 스스로 그 산을 향해 나아가면 되는 것이다. 이는 선가에서 말하듯이 "다리를 건너매 물은 흐르지 않고 도리어 다리가 흐른다(橋流水不流)"는 뜻일 게다.

이렇듯이 만일 부처님께서 우리가 사는 이곳에 다시 오지 않는다면, 우리가 직접 부처님께 한 발 내딛으면 되는 것이다. 아니 내가 부처인 중생에게로 한 발을 더 내딛어 가까이 다가서면 되는 것이다. 우리 모두가 부처의 출현과 어느 초인의 재림을 갈망하기보다는, 우리 스스로가 중생에게로 다가감으로써 그들과 더불어 함께하였으면 하는 바람이다.

박노해 시인의 〈다시〉라는 시를 되뇌어본다.

"희망찬 사람은 / 그 자신이 희망이다 // 길 찾는 사람은 / 그 자신이 새 길이다 // 참 좋은 사람은 / 그 자신이 이미 좋은 세상이다 // 사람 속에 들어 있다 / 사람에서 시작된다 // 다시 / 사람만이 희망이다."

모든 순간이 꽃봉오리인 것을